일본유학시험(EJU)
종합과목 문제집

14일간의 필승 프로그램

저자 原亮

시사일본어사

시작하면서 일본에서 공부하게 될 여러분에게

일본유학시험은 2002년부터 실시되고 있는 새로운 시험입니다. 이 시험은 여러분의 진로를 크게 좌우하는 중요한 시험인 한편, 공부에 대한 대책을 세우기 위한 교재가 충분히 갖추어있지 않은 것이 현실이지요. 특히 이 종합과목에 대해서는 무엇을 어떻게 공부하면 좋을지 불안해하는 사람도 많으리라 생각합니다.

일본의 서점에는 100%라 해도 과언이 아닐 만큼 학습참고서 코너가 있으며, 일본의 학생들은 수험공부를 위한 우수한 교재를 손쉽게 구할 수 있습니다. 반면 일본 유학을 목표로 하는 학습자를 위해 만들어진 교재가 적은 것은 해외로의 문이 개방되어 있지 않은 점, 또 일본의 국제화 역시 아직 멀었기 때문이라고 할 수 있습니다.

본 책은 여러분이 특히 공부하기 어려워하는 종합과목의 교재입니다. 종합과목에서 출제되는 문제는 일본에서 주로「사회과」교재에서 배우는 내용으로, 일본이나 세계에 대한 구조나 역사 등을 폭넓게 공부해야 하는 분야입니다. 그러나 방대한 지식을 짧은 기간에 익히는 것은 어렵습니다. 자주 출제되는 내용을 짧은 기간에 효율적으로 익힐 수 있도록, 그리고 여러분이 희망을 품고 일본에서 공부할 수 있기를 바라면서 만든 것이 본 책입니다.

여러분은 여러 가지 꿈이나 희망, 장래의 비전을 가지고 일본에서의 학문의 길을 택했다고 생각합니다. 일본유학시험에서 좋은 결과를 얻어서, 여러분의 마음에 간직했던 꿈이나 희망을 더욱 크게 펼치십시오. 본 책은 그런 마음에 도움이 되기 위해 만들어진 것입니다. 또 본 책으로 종합과목을 공부하는 것을 통해서 일본에 대한 이해가 깊어진다면, 본 책은 여러분에게 있어 더욱 의의있는 한 권의 책이 될 것입니다. 본 책과의 만남이 여러분의 인생에 도움이 되기를 굳게 염원합니다.

原 亮

본책의 사용법

1. 2주간의 필승 프로그램!

본 책은 일본유학시험 출제범위를 나타낸 시라바스를 14회로 나누어 배울 수 있도록 편집되어 있습니다. 1회분을 하루에 끝내면 2주 동안 종합과목의 내용을 배울 수 있습니다.

2. 해설과 문제로 반복학습!

각 회는 해설-〉연습문제-〉기출문제의 순서로 되어 있습니다. 처음에 해설을 읽어주세요. 그리고, 해설의 내용을 익혔으면 연습문제로 들어가, 마지막에 과거문에 도전에 보십시오. 과거문은 실제로 과거 일본 유학시험에 출제된 문제입니다. 연습문제의 내용은 해설 페이지에 설명이 있으므로, 문제를 못 풀 경우, 해설 페이지를 다시 읽어보세요. 또, 과거문에는 문제 뒤에 해설을 실었습니다. 전부 익힐 때까지, 반복해서 학습할 것을 권합니다.

3. ゼッタイ覚える! [반드시 외우기!] 포인트 첨부!

해설 페이지에서 특히 중요하다고 생각되는 부분에는 [반드시 외우기!]라는 마크가 붙어있습니다. 시험 직전 등 시간이 없을 때 본 책을 다시 볼 경우에는 이 마크가 붙어있는 부분만 읽으세요. 단, 그곳만이 반드시 제출된다는 것은 아니므로, 될 수 있는 한 본 책의 내용은 전부 익혀두세요.

4. 2회분의 모의시험으로 실력 알아보기!

14회의 학습 뒤, 모의시험이 2회 있습니다. 이것은 실제 시험 출제와 비슷한 형식의 문제로 구성되어있습니다. 모든 학습이 끝난 후, 실제 시험을 본다는 생각으로 임해주세요. 또한, 맨 처음에 1회의 모의시험을 풀고 자신의 실력을 재고 나서, 본 책의 내용을 학습 그리고 마지막 2회를 푸는 사용법도 가능합니다.

5. 용어집으로도 사용할 수 있다!

본 책 권말에 [색인]이 실려있습니다. 900어 이상의 용어가 실려 있으므로, 보통의 학습에서 모르는 단어가 나오면, 이 색인을 사용해, 본 책을 용어집으로서 활용할 수도 있습니다.

目次

はじめに——日本で学ばれるみなさんへ
本書の使い方

1日目	現代の社会生活	7
2日目	現代の経済	24
3日目	現代の政治1	45
4日目	現代の政治2	59
5日目	現代の国際社会1	77
6日目	現代の国際社会2	94
7日目	地理的技能	108
8日目	日本の国土と自然	118
9日目	日本の人々と産業	127
10日目	近代の世界	143
11日目	現代の世界1	160
12日目	現代の世界2	172
13日目	近現代の日本1	184
14日目	近現代の日本2	197

実力確認模試　第1回 …………210

実力確認模試　第2回 …………223

解答 …………234

索引

1日目　現代の社会生活

LESSON ①　都市化・情報化・高齢化

1. 都市化

- 都市化：産業や交通の発達による都市への人口集中と、それに伴う都市型の生活様式が広まること。
- 人口集中：一般的には、農村部から都市部に人口が集中する現象を指す。工業やサービス業が発展すると、都市での仕事や収入に魅力を感じる人々が都市に流入する。
  - →過疎化：人口が極端に減少すること。日本では、都市への人口集中の結果、農村の人口が落ち込んで地域の活力が失われ、特に農業が大きく衰えた。
  - →過密化：人口が極端に集中すること。農村とは逆に、都市では人口が増えすぎて多くの都市問題が発生した。
  - →ドーナツ化現象：都心部の人口が減り、周辺部の人口が増加すること。都心部ではオフィスビルが建ち並び働く人は多く集まるが、地価の高騰や居住環境の悪化で生活する人は少なくなる。
  - →昼間人口・夜間人口：昼間にいる人口が昼間人口で、夜にいる人口が夜間人口。都心部では働く人がいるため昼間人口は多い。しかし、夜になると昼間、都心部にいた人たちは郊外の自宅に帰るため、夜間人口は少ない。
  - →ベッドタウン：都心の周辺部に展開する都市で、主に仕事で都心に通う人たちが住む。
  - →ニュータウン：主に都心に勤める人が住むために開発された都市。団地などが多い。
  - →スプロール現象：乱開発で郊外へ向かって住宅が無秩序に増えていく現象。

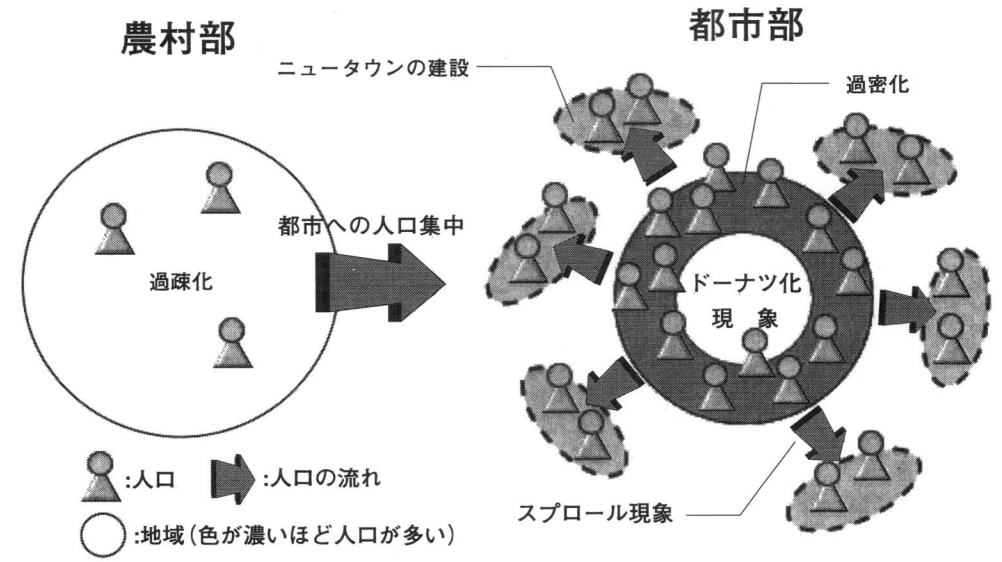

●都市への人口集中の仕組み

都市の産業・サービスが発達する → 農村から都市に人口が流れる → 都市が過密化する → オフィスビルの乱立や地価の上昇でドーナツ化現象が起こる → ベッドタウンも過密化する → スプロール現象で無秩序に都市が広がる

- 都市問題：都市への人口集中によって起こる、生活、環境などに関する問題。
  → 土地問題：住宅地などの地価の高騰や、リゾート開発や都市開発をめぐる土地利用の対立などが起こった。地価は1980年代後半、都市で急激に上昇した。
  → 住宅問題：地価の高騰や急激な人口集中で住宅の質は悪化した。一般的な傾向として、都市の住宅は狭くて家賃が高く、安い家を求めて都心から離れた郊外に人口が流出する現象が起こる。
  → 交通問題：自動車の普及で、交通渋滞や排気ガスによる大気汚染が起こった。
  → 通勤ラッシュ：郊外へ人口が広がった結果、都心への通勤で交通機関の大混雑が起こっている。交通機関の整備は続いているが、通勤ラッシュは解消されていない。
  → 都市災害：人口や交通が過密する都市は災害に弱い。地震に伴う建物の倒壊や大規模火災の発生、都市河川の氾濫などが起こると、過密した都市ほど被害は大きい。

2. 情報化

- **情報化社会**：産業や生活において、情報が重要とされる社会。
  - →**マスメディア**：ラジオ、テレビ、新聞など、同時に多数の人々に情報を発信できる媒体。そのような媒体を利用した情報の伝達を、**マスコミュニケーション（マスコミ）**という。
- **加速する情報化**：新しい機器や媒体の登場で、情報化はさらに進められた。
  - →**マルチメディア**：映像、音声、文字データなどを組み合わせてデジタル情報として伝達するメディア。
  - →**ニューメディア**：新しい情報機器を利用したメディア。
- **情報を得るための権利**：情報の価値が大きい社会では、必要な情報を的確に手に入れるための制度が必要となる。
  - →**知る権利**：必要な情報を自由に手に入れることができる権利。国や自治体は、権力によってこの権利を妨げてはいけないとされる。
  - →**アクセス権**：国や自治体の情報を手に入れたり、マスメディアを使って意見や反論を表明する権利。
  - →**情報公開法**：「行政機関の保有する情報の公開に関する法律」という。行政機関が、行政に関する情報を公開することを定めた法律。すべての人に情報開示を求める権利を認めたが、内容については不十分であるとの批判がある。1999年制定。
- **個人情報の保護**：情報化の発展に伴い、自分に関する情報が望まない形で広まる危険性が高くなった。インターネットなどを利用して不正に情報を盗む犯罪者や、客の個人情報を売買する企業なども現れ、個人情報を保護する制度も必要となった。
  - →**個人情報保護法**：1988年から、「行政機関個人情報保護法」などが制定されたが、2003年、新たに「個人情報の保護に関する法律」が制定された。個人情報を保護するための国や自治体の責務などを規定。
  - →**プライバシーの権利**：私生活をみだりに公開されない法的保障や権利。

3. 高齢化 ゼッタイ覚える！

- **高齢化**：全人口のうち65歳以上の高齢者の割合が高くなること。先進国では、医療の発達などで平均寿命が延びている一方、生まれる子どもが減っているため、高齢者の割合が急激に増加している。
  - →**高齢化社会**：65歳以上の高齢者の割合が、人口の7％以上を占める社会。
- **高齢者福祉**：高齢者の健康を維持したり、活動の場を与えるための施策。家庭や地域社会だけでは支えきれない場合も多く、行政、ボランティアなども支援している。
  - →**介護保険制度**：介護や医療などを必要とする高齢者に対して行政がサービスを提供するための制度。介護を必要とする高齢者は、40歳以上の国民が支払う保険料と、全額の1割にあたる自己負担でサービスを受けることができる。

●各国の人口における子どもと高齢者の割合

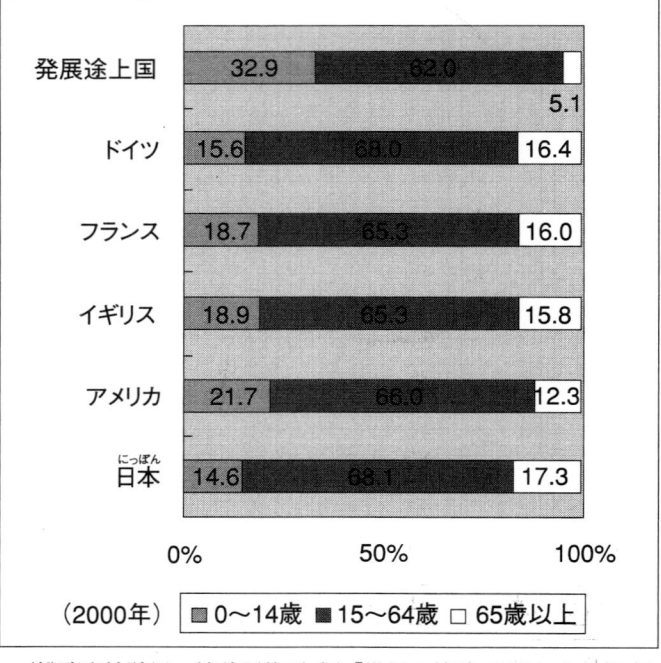

	0〜14歳	15〜64歳	65歳以上
発展途上国	32.9	62.0	5.1
ドイツ	15.6	68.0	16.4
フランス	18.7	65.3	16.0
イギリス	18.9	65.3	15.8
アメリカ	21.7	66.0	12.3
日本	14.6	68.1	17.3

（2000年）

（総務省統計局・統計研修所 編『世界の統計 2003』より作成）

LESSON ② 大衆社会・多文化理解

1. 大衆社会 (ゼッタイ覚える!)

- 大衆社会：特定の支配者ではなく、一般の大衆が中心となる社会。
- 大衆社会が発生した背景
  - →大量生産・大量消費：安価の商品を大量に生産することで、消費者の大量消費も可能になり、大衆の動向が経済を支配するようになった。
  - →マスコミ・教育の発達：マスコミや教育によって情報を得ることで、大量の人間がそれに基づいて判断、行動するようになった。

●大衆社会の特徴

生活様式の画一化	孤独感と不安感の増大	政治的無関心
大量生産による商品の均一化やマスコミによる情報の均質化によって、他人と同じような生活を営むようになる。	巨大化、複雑化した大衆社会では、個人と社会の関係を実感できず、孤独を感じて不安を抱くようになる。	大衆社会では、個人と政治との関わりも見えなくなる。マスコミを利用した権力者の大衆操作も行われやすい状況が生まれる。

2. 多文化理解

- 文化圏：共通の特徴を持つ文化が広まっている地域を指す。

● 主な文化圏

ヨーロッパ文化圏	イスラム文化圏	東アジア文化圏
白色人種でインド=ヨーロッパ語族の言語を話し、主にキリスト教を信仰する。近代科学や資本主義経済を生み出した。	イスラム教を信仰する人々が住む地域。北アフリカや西アジアに広がる。中世には科学や文学が発達して、世界に影響を与えた。	中国を中心に漢民族の文化が広まった地域。日本や朝鮮半島も含まれる。漢字が使用され、儒教や仏教などの思想が土台となった価値観を持つ。

・宗教：民族や地域を越えて信仰される世界宗教が存在する。

● 世界三大宗教

宗教	仏教	キリスト教	イスラム教
創始者	ガウタマ=シッダールダ（シャカ）	イエス=キリスト	ムハンマド（マホメット）
時期	紀元前5世紀〜	1世紀〜	7世紀〜
主な地域	東アジア・東南アジア	ヨーロッパ・アメリカ	東アジアを除くアジア地域・北アフリカ
特徴	苦しみや迷いの世界から脱け出すことを目指す。	イエスを救済者として、個人と社会の再生をはかる。	唯一神アッラーのみを崇拝し、信仰や実践を行う。

・生活様式：衣食住や生活上の習慣や考え方など、日常生活を営む形。
 →アメリカ式生活：アメリカ合衆国に特徴的に見られる生活様式。大量生産・大量消費による生活を営み、自由や合理的な考えを好む。
・文化交流：異文化間の交流を行うこと。民族、地域同士が理解を深めるための、重要な活動として位置づけられている。
 →シルクロード：中国から地中海を結ぶ交易路。東西の交流に重要な役割を果たした。

- グローバリゼーション：地域や国を越えて、世界全体を一つのシステムとしてとらえて、経済活動の範囲やさまざまな制度、価値観などを、地球規模で共通化する動き。
- グローバリゼーションの背景
    - ①国際社会の緊密化：貿易や人の交流など、各地域がお互いに依存しあう。
    - ②情報伝達の加速化：情報は、地域を越えて一瞬にして世界中に広まる。
    - →グローバルスタンダード：経済システムでの国際的な共通ルール。
    - →グローバリゼーションへの反発：大国主導の押し付けであるという批判が強い。
    - →地域主義：地域の主体性を重視する考え方。

LESSON ③　生命倫理、自由と平等

1. 生命倫理

- 生命倫理：医療技術の進歩によって生まれた、生命と科学の倫理的な問題と研究。
- 遺伝子をめぐる問題
    - →遺伝子操作：遺伝子を人工的に操作して生物を作り出したり、増殖させること。
    - →遺伝子工学：遺伝子を研究する学問。遺伝子操作などの技術の応用を行う。
    - →クローン動物：人工的に作られた同じ遺伝子をもつ動物。人間のクローンを作ることの是非など、技術の応用には倫理的な問題がある。
- 出産をめぐる問題
    - →妊娠中絶：故意に流産や早産をさせること。海外では法律で禁止する動きがある。
    - →代理出産：不妊で悩む夫婦が人工的に受精をさせる人工授精などで、第三者の女性に妊娠、出産してもらうこと。日本では禁止させようという声が強い。
- 死をめぐる問題
    - →安楽死：治療が困難な病気で苦しむ患者に、医療の停止や死期を早める措置を取ること。
    - →尊厳死：植物状態や苦痛の中にある人が、延命だけの医療を受けずに人間の尊厳を保って死を迎えること。
    - →脳死：脳の機能が失われた状態。脳死が人の死にあたるかは議論が分かれる。日

本では臓器移植法で臓器移植に限って死と認められ、脳死した人からの臓器移植が可能になった。

→**臓器移植**：健康な人や遺体から臓器を移植する治療方法。

→**インフォームド=コンセント**：医師が患者やその家族に、治療方法や薬の副作用などについて説明を行い、患者や家族から同意を受けること。

2. 自由と平等　ゼッタイ覚える！

- **自由**：政治的に他から強制や束縛を受けない状態でいること。
  - →**内面的自由**：自分の意思によって決断することができる自由。
  - →**外面的自由**：法律や制度によって保障すべきものとして定められた自由。
- **平等**：すべての個人が身分・性別などと無関係に等しい人格的価値を有すること。
  - →**結果の平等**：能力の差にかかわらず手に入るものが平等であること。実質的平等。
  - →**機会の平等**：自由競争への参加の機会が平等であること。形式的平等とも言う。
  - →**偏見**：偏った見方などによる思い込みで、ものごとを正しい状態で見ないこと。差別の原因となる。
- **人間の尊厳**：人間は、人格をもった存在として何より高い価値を持つということ。
- **自然状態**：国家ができる前に人々が置かれていたとされる状況。
  - →**自然法**：時代や場所を問わず、すべての人の本質に基づいて存在する法。
  - →**自然権**：自然法によって普遍的に存在するとされる権利。

●自然状態・自然権に関する思想家の考え

	ロック	ホッブズ	ルソー
自然状態	自然法のもとで自由で平等な状態	「万人の万人に対する闘争」を行い、お互いに争う状態	自由、平等で孤立した状態
自然権	所有権	自己保存	自由
主著	『市民政府二論』	『リヴァイアサン』	『社会契約論』

1日目 練習問題

問1 次のグラフは東京都の都心部にあたる港区と、郊外の町田市の人口を示したものである。これを見て、次の(1)～(3)に答えなさい。

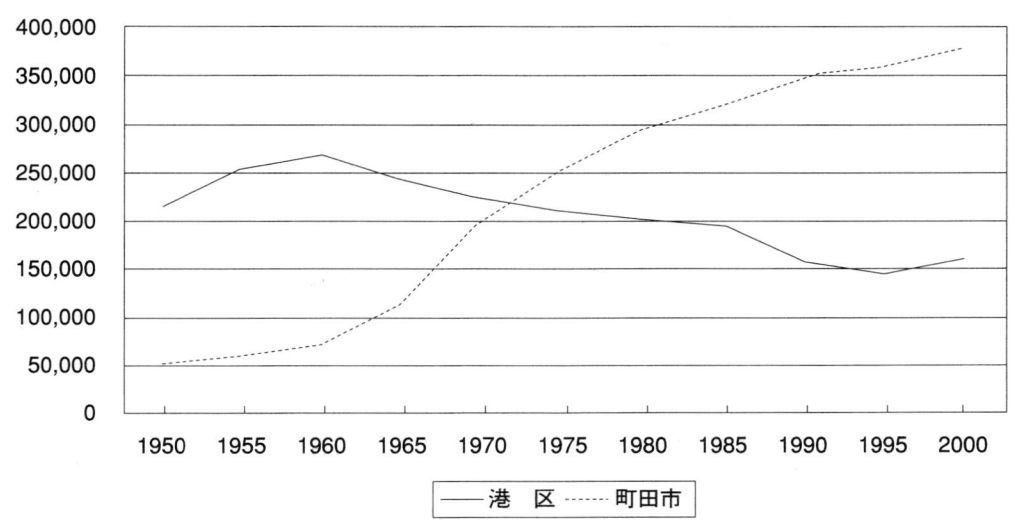

単位：人（東京都『東京都統計年鑑 平成13年』より作成）

(1) このグラフの説明として正しいものを、次の①～④の中から一つ選びなさい。

① 港区の人口は1970年代に町田市の人口を上回った。
② 港区の人口は1950年から2000年の間絶えず増え続けている。
③ 町田市の人口は2000年には港区の人口の倍以上となっている。
④ 町田市の人口は1990年代に40万人を上回った。

(2) 港区と町田市のように、都心部の人口が減り続ける一方で郊外の人口が増え続ける現象を何と言うか。正しいものを次の①～④の中から一つ選びなさい。

① ドーナツ化現象　　② ヒートアイランド現象
③ エルニーニョ現象　　④ スプロール現象

(3) 都心に通う人たちが住む郊外の町の呼び名として正しいものを、次の①～④の中から一つ選びなさい。

① ゴーストタウン　　② マイタウン
③ ベッドタウン　　　④ ダウンタウン

問2 下の文章の（ a ）～（ d ）に当てはまる言葉の組み合わせとして正しいものを、次の①～④の中から一つ選びなさい。

　日本では1950年代以降、（ a ）の発展にともなって農村から都市に人口が集中した。農村では人口が減って（ b ）が起き、都市では（ c ）が起こった。そのため都市では、住宅や交通の整備が追いつかず（ d ）が発生した。

	a	b	c	d
①	商工業	過疎化	過密化	都市問題
②	農業	過疎化	過密化	領土問題
③	商工業	過密化	過疎化	領土問題
④	農業	過密化	過疎化	都市問題

問3　次のグラフは１住宅あたりの延べ面積を示したものである。このグラフの説明として正しいものを、次の①～④の中から一つ選びなさい。

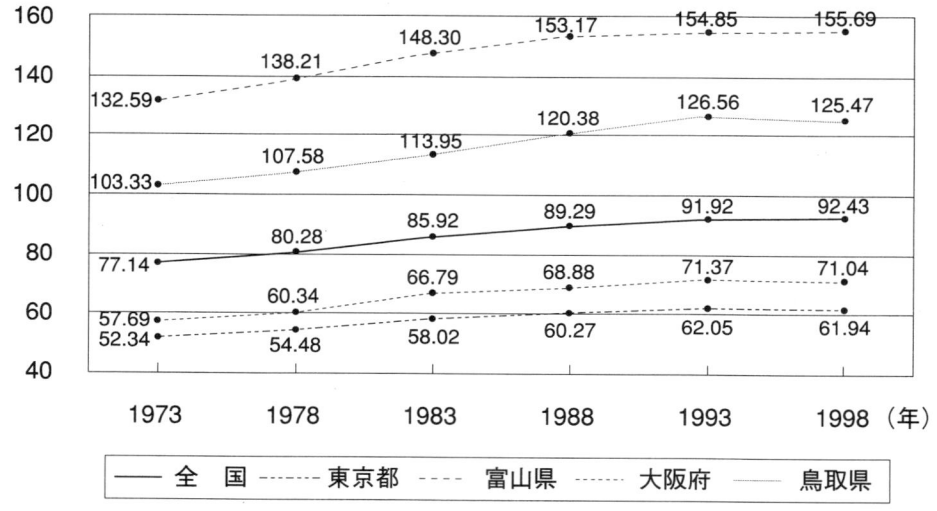

単位：㎡（総務省「平成10年土地・住宅統計調査」より作成）

① 東京都の住宅の面積は、全体を通じて全国平均の半分以下しかない。
② 大阪府の住宅の面積は、1998年になっても20年前の全国平均よりも低い。
③ 富山県の住宅の面積は、140㎡を上回ることはなかった。
④ 鳥取県の住宅の面積は、1980年代後半から減少している。

問4 次のグラフと文章は、日本の情報通信機器の保有率を示したものである。これを見て、下の問い(1)〜(3)に答えなさい。

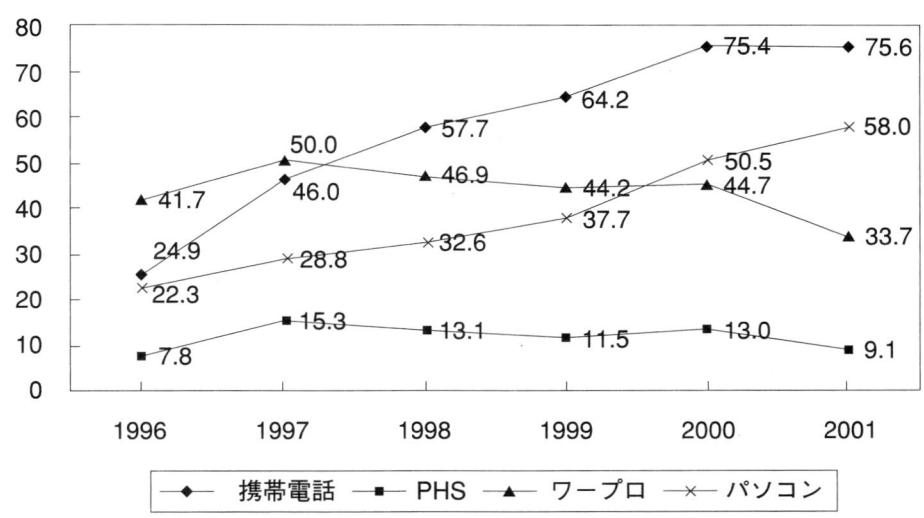

※世帯別による統計　単位：％（総務省「IT関連統計資料集」より作成）

　近年は1 情報通信革命と呼ばれるほど、情報通信機器が急速に普及している。特にパソコンと携帯電話の普及は目覚ましく、それらの機器を使ったインターネットの利用も、もはや日常となっている。一方で、2 情報を扱うための権利の主張も盛んとなり、それに対応した制度の整備も進められている。

(1) グラフの説明として正しいものを、次の①〜④の中から一つ選びなさい。

　① 携帯電話の保有率は、1996年から2001年の間に3倍以上に拡大した。
　② ワープロの保有率は、常にパソコンの保有率より高い。
　③ PHSの保有率は、1996年から2001年の間を通して減り続けている。
　④ 1998年には、2世帯に1世帯の割合でパソコンが普及している。

(2) 下線部1「情報通信革命」とあるが、革命と呼ばれるのは、情報通信機器が急速に普及していることだけに留まらず、それ以外にも大きな変化があったことを指している。その変化を説明したものとして**不適切なもの**を、次の①〜④の中から一つ選びなさい。

　① 機器の利用によって大量の情報が手軽に入手できるようになった。
　② 政府による情報操作が従来よりも確実に行えるようになった。
　③ 音声や映像などを組み合わせ、情報を伝達できるマルチメディアが登場した。
　④ 従来のマスメディアの一方的な伝達以外に、双方向の伝達が可能になった。

(3) 次のA～Dは、下線部2で示すような権利や制度について説明したものである。その説明に合った言葉の組み合わせとして正しいものを、次の①～④の中から一つ選びなさい。

A 個人の情報を保護するための政府の責務を規定したもの。
B 大衆がマスメディアを通じて意見や反論をする権利。
C 私生活をみだりに公開されない権利。
D 必要な情報を自由に手に入れることができる権利。

	A	B	C	D
①	個人情報保護法	アクセス権	知る権利	プライバシーの権利
②	情報公開法	知る権利	アクセス権	プライバシーの権利
③	情報公開法	知る権利	プライバシーの権利	アクセス権
④	個人情報保護法	アクセス権	プライバシーの権利	知る権利

問5 日本の人口を年齢別の割合で示した次のグラフの説明として正しいものを、次の①～④の中から一つ選びなさい。

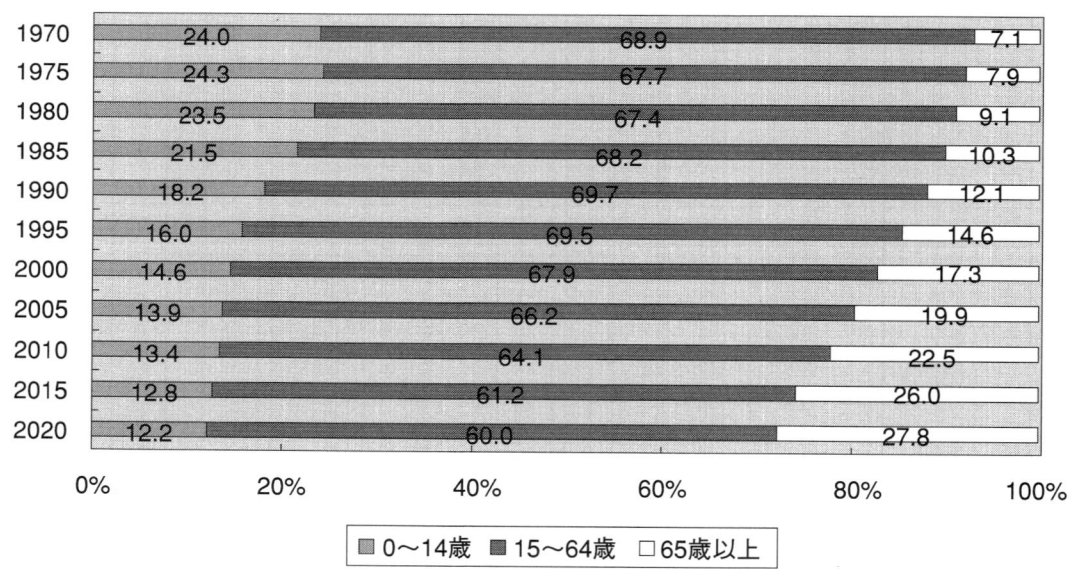

（総務省統計局・統計研修所 編 『日本の統計 2003』より作成）

① 65歳以上の人口の割合は減り続けている。
② 2015年になると4人に1人以上が65歳以上の高齢者となる。
③ 15歳未満の子どもより65歳以上の高齢者が多くなるのは1990年である。
④ 日本での高齢化は1995年を境に歯止めがかかっている。

問6　介護保険制度の説明として正しいものを、次の①～④の中から一つ選びなさい。

① 民間の医療施設に、高齢者への介護や医療を義務付ける制度。
② 高齢者以外の医療について、全額を自己負担とさせる制度。
③ 40歳以上の国民が無料で介護や医療を受けられる制度。
④ 国民に保険料を支払わせ、行政が高齢者に医療や介護を提供する制度。

問7　次の文章を読んで、下の問い(1)、(2)に答えなさい。

　　現代の社会は、一般の人々が社会の動きに大きな影響力を持つ大衆社会であると言える。大衆社会では、大量生産、大量消費によって多くの人々の生活水準が向上し、また、人々は（　a　）や教育によって手にいれた情報に基づいて判断、行動できるようになった。

(1) （ a ）に当てはまる言葉として正しいものを次の①～④の中から一つ選びなさい。

① デマ　　② 口コミ　　③ マスコミ　　④ マスゲーム

(2) 大衆社会の特徴として**不適切なもの**を、次の①～④の中から一つ選びなさい。

① 一部のエリートによる支配に反発が起こり、政治への関心が高くなる。
② 巨大で複雑になった社会と自分とのつながりが見えなくなって、孤独を感じる。
③ 権力者などが意図的に情報を流すことで、大衆操作が行われやすい。
④ 同一の商品や情報を持つことで生活様式が均質化して、個性がなくなりやすい。

問8　次のA～Cの説明に当てはまる文化圏の名前として正しいものを、次の①～④の中から一つ選びなさい。

A　漢民族の文化が広まった文化圏で、儒教や仏教などを土台とした価値観を持つ。
B　北アフリカや西アジアに広がる文化圏で、中世には科学や文学が発達した。
C　キリスト教に強い影響を受けた文化圏で、資本主義経済などを生み出した。

	A	B	C
①	ヨーロッパ文化圏	東アジア文化圏	イスラム文化圏
②	ヨーロッパ文化圏	イスラム文化圏	東アジア文化圏
③	イスラム文化圏	ヨーロッパ文化圏	東アジア文化圏
④	東アジア文化圏	イスラム文化圏	ヨーロッパ文化圏

問9 世界三大宗教として数えられている宗教は、仏教、キリスト教とあと一つは何か。正しいものを、次の①〜④の中から一つ選びなさい。

　　① ヒンドゥー教　　② イスラム教　　③ ジャイナ教　　④ 儒教

問10 次の文章を読んで、下の問い(1)、(2)に答えなさい。

　今日の国際社会では、グローバリゼーションと呼ばれる動きが活発になっている。その反面、1 グローバリゼーションに反発する市民運動も盛んになり、1999年のWTOの閣僚会議では5万人とも言われるデモ隊が集まった。また、2001年のジェノバサミットでも、イタリアの警官隊とデモ隊が衝突して死者が出る騒ぎとなった。

(1) グローバリゼーションの説明として正しいものを、次の①〜④の中から一つ選びなさい。

　　① 地域の主体性や独自性を重視して、それぞれのルールを尊重する考え方。
　　② 世界の宗教を統一して、同じ思想による地球規模の共同体を作る考え方。
　　③ 経済活動の範囲や制度、価値観などを、国境を越えて統一する考え方。
　　④ 国家の中で政府と対立する地域や民族の独立を積極的に進める考え方。

(2) 下線部1のような市民運動は何を訴えているのか。正しいものを、次の①〜④の中から一つ選びなさい。

　　① 地域主義の解消　　　② 情報化社会の発達
　　③ アメリカ式生活の要求　④ 大国主導への反発

問11 次の文章を読んで、下の問い(1)〜(3)に答えなさい。

　現代では、生命を生み出す技術が進歩を遂げている。1 人工的に生物を作り出す技術が実現されてクローン動物が誕生した。また、子どもができなくて悩む夫婦に対しては、2 人工授精などで第三者の女性に子どもを産んでもらう技術も実現されている。これらの技術の発達によって、生命に対する考え方が改めて問われている。

(1) 下線部1の技術の名前として正しいものを、次の①〜④の中から一つ選びなさい。

　　① デジタル技術　　② 情報操作　　③ 遺伝子操作　　④ 遺伝子治療

(2) 下線部2のようにして子どもを産むことを何と言うか。正しいものを、次の①〜④

の中から一つ選びなさい。

① 代理出産　② 不妊治療　③ 高齢出産　④ 妊娠検査

(3) 医療技術の進歩と生命の価値をめぐる問題についての説明として正しいものを、次の①～④の中から一つ選びなさい。

① 国際社会では、クローン人間の産生禁止に反対する声が圧倒的となっている。
② 日本では人工授精による第三者の出産が積極的に行われている。
③ クローン動物は寿命が長いため、絶滅の危機にある動物の保存に使われている。
④ 故意に流産、早産をさせる妊娠中絶は、法律で禁じられている国もある。

問12　死と生命倫理に関する次の文章の(a)～(d)に当てはまる言葉の組み合わせとして正しいものを、次の①～④の中から一つ選び、記号で答えなさい。

　苦痛が続くだけの延命治療をやめて人間らしい死を迎えさせる（ a ）や、治療が困難な患者の死期を早める（ b ）の考え方は、そのあり方をめぐって議論が続いている。また、体は機能していても脳が機能しない（ c ）は人の死であるかどうか議論が分かれるが、日本では（ d ）法によって死であると認められた。

	a	b	c	d
①	安楽死	尊厳死	脳死	臓器移植
②	尊厳死	脳死	安楽死	薬事
③	尊厳死	安楽死	脳死	臓器移植
④	安楽死	脳死	尊厳死	薬事

問13　インフォームド=コンセントの説明として正しいものを、次の①～④の中から一つ選びなさい。

① 医師が患者やその家族に、治療方法などを説明して同意を受けること。
② 医師が第三者の求めに応じて、医療に関する情報を公開すること。
③ 医療ミスで被害を受けた患者が、医療機関を訴えること。
④ 病院が政府に対して、年度ごとに会計報告を行うこと。

問14　自由について示した次の文章の(a)、(b)に当てはまる言葉の組み合わせとして正しいものを、次の①〜④の中から一つ選び、記号で答えなさい。

　自由には、自分の意思によって決断する（ a ）と、法律や制度によって定められた（ b ）がある。

	a	b
①	内面的自由	実質的自由
②	実質的自由	形式的自由
③	形式的自由	内面的自由
④	内面的自由	外面的自由

問15　能力の差にかかわらず、社会生活や経済生活で同じ結果を享受できる平等を何と言うか。正しいものを、次の①〜④の中から一つ選びなさい。

　①　機会の平等　　②　形式的平等　　③　実質的平等　　④　参加の平等

問16　自然状態、自然権に対する思想家の考えをまとめた次の表に当てはまる言葉の組み合わせとして正しいものを、次の①〜④の中から一つ選びなさい。

	ロック	ホッブズ	（ a ）
自然状態	自由で平等な状態	（ b ）状態	孤立した未開状態
自然権	（ c ）	（ d ）	自由

	a	b	c	d
①	ルソー	お互いに争う	所有権	自己保存
②	ルソー	お互いに争う	自己保存	所有権
③	モンテスキュー	お互いに関わらない	自己保存	所有権
④	モンテスキュー	お互いに関わらない	所有権	自己保存

☆過去問にチャレンジ！

問　グローバリゼーションは国際的基準を生み出す。その影響として最も適切なものを、次の①〜④の中から一つ選びなさい。

① 政府による国内の反対勢力の説得が不要になる。
② 各国政府が独自の政策をおこないやすくなる。
③ 国境を越える人の移動が文化的摩擦を生み出すことは少ない。
④ 地域主義や宗教的な抵抗を生み出すことがある。

(2002年度　第2回)

≪ 解　説 ≫

グローバリゼーションをめぐる価値観の対立について理解しておく。

① 一つの国の中には、その国や地域特有の考え方や価値観を持った集団が存在する。そこに統一した国際ルールを押し付けることになると、反発を受ける可能性がある。そのような反対勢力の説得は、政府の重要な仕事となる。

② 国の枠を越えて経済などのルールを統一するため、各国がその枠を越えた独自のルールを決めたり、政策を行ったりすることは難しくなる。

③ 経済活動の枠も国境を越えて世界中に広がるため、人の移動も同じように広がる。文化の異なる地域へ行けば、常識や習慣の違いからトラブルも起こりやすく、文化的摩擦が起こる可能性は高くなる。

④ 他地域から価値観が押し付けられることに納得できない地域では、自分たちで独自のルールを決めようとする傾向が強くなる。また、宗教においても、独自のしきたりなどのルールが存在する。それらのルールが国際的基準と異なれば、グローバリゼーションへの反発や抵抗が生まれる。

・反グローバリゼーションの例：大国による国際会議とNGOの対立がある。大国によるルール作りは、参加した大国のみに有利な内容になっているとして、NGOが抗議活動を行う例が目立っている。

→WTOシアトル会議（1999年）：アメリカのシアトルで開かれたWTOの会議では、5万人を越える規模のデモ隊が抗議行動を行った。暴徒化した一部のデモ隊と警官隊が衝突した。

→ジェノバサミット（2001年）：サミットが開かれたイタリアのジェノバでは、20万を越える人々が、反グローバリゼーションを主張して抗議活動を行った。デモ隊に逮捕者が出たほか、警察とデモ隊の衝突で、デモ隊に1名の死者が出た。

答　④

2日目 現代の経済

LESSON ① 市場経済体制・計画経済体制

1. 需給と価格

- **財**：生活で求められる有形のもの。食糧や衣料など。
- **サービス**：生活で求められるもので、形のない働き。教育や医療など。
- **市場**：財やサービスを求める買い手と、与える売り手が売買の取引をする場。
- **需要・供給**：買い手が市場に求める財やサービスの量が需要。売り手から市場に与えられる財やサービスの量が供給。
- **価格**：貨幣で示した商品の価値。個々の価格をまとめて平均化したものが物価。
  - →**市場価格**：需要と供給のバランスによって市場で決められる価格。

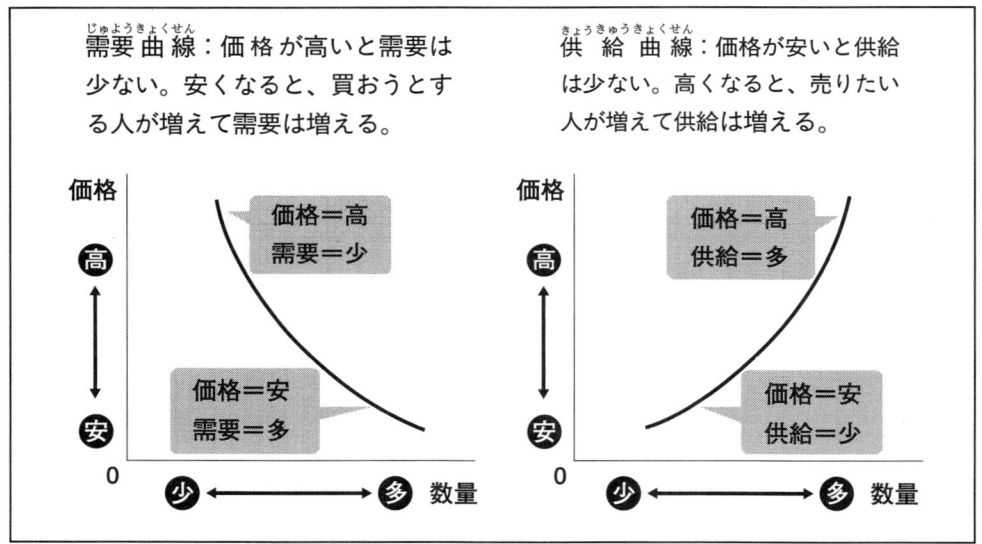

需要曲線：価格が高いと需要は少ない。安くなると、買おうとする人が増えて需要は増える。

供給曲線：価格が安いと供給は少ない。高くなると、売りたい人が増えて供給は増える。

- **市場メカニズム**：市場での自由な取引で、価格や需給量が決定、調整されるしくみ。
  - →**需要・供給の法則**：価格と数量によって需要と供給の関係が決まるしくみ。
  - →**価格メカニズム**：価格によって需要と供給が一致する働き。価格が変化すると需要量と供給量のバランスが崩れる。

→「見えざる手」: イギリスの経済学者アダム=スミスが名付けた、市場の需給バランスによって自然に価格が決まる仕組み。

| 価格がPの場合、売り手が売りたい量と買い手が買いたい量が一致する。この価格Pを均衡価格、そのときの需要、供給の数量を均衡数量と言う。 | 価格がP'の場合、売り手は高いものを多く売りたいので供給量はQ2に増える。だが、均衡価格より高いので買い手の需要量はQ1にとどまって、その差が売れ残る。 | 価格がP"の場合、買い手は安いものを多く買いたいので需要量はQ4に増える。だが、均衡価格より安いので売り手の供給量はQ3にとどまって、品不足となる。 |

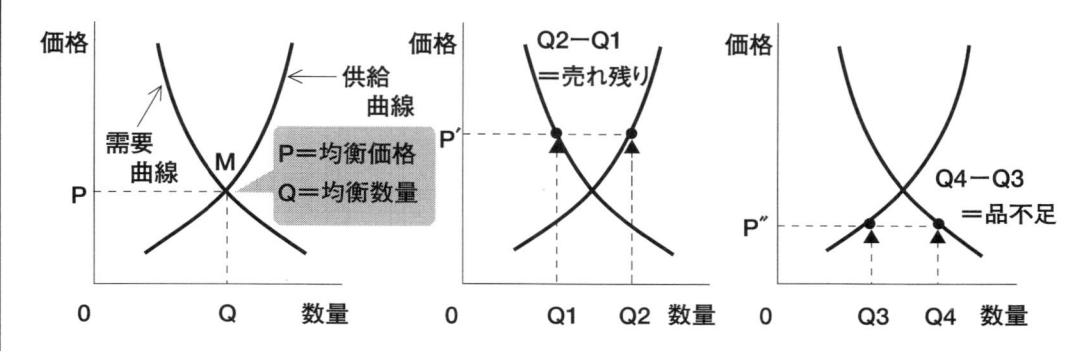

- 均衡に向かうしくみ: 供給が需要より多い場合、もっと売れるように価格を下げれば、需要が伸びる一方で供給が減るので均衡に向かう。逆に需要が多い場合も、価格を上げても売れると目論んで供給が伸びるが、商品が高くなった分、需要が抑えられるので、同じく均衡に向かう。

2. 市場での競争

- 価格競争: 企業が自分の商品が売れるように価格を下げて他社と競争をすること。
- 市場占有率: ある企業の商品が、その商品の市場でどれくらいの割合を占めているかを示すもの。
- 寡占・独占: 市場に供給する企業が少ない状態が寡占で、1社しかいない状態を独占と言う。いずれも価格は供給者によってコントロールされやすい。
  →寡占市場: 寡占の状態にあり、少数の企業が価格をコントロールする市場。
  →管理価格: 寡占市場を支配する企業が設定する価格。供給する側が利益をあげる

ために、価格は高めに設定され下がりにくくなる（**下方硬直性**）。
- →**価格先導制**：最も有力な企業が決めた価格に他社がしたがうこと。
- →**非価格競争**：宣伝やデザインなど、価格以外で他社と競争をすること。
- →**独占禁止法**：市場の独占や不公正な取引を制限、禁止する法律。1947年に制定され、1997年の改正で持株会社が自由化された。

3. 市場の失敗　ゼッタイ覚える！

- **市場の失敗**：市場に任せておいても、価格や需給量が適切に決まらなかったり、市場と関係のないところで不利益が生じたりする状態。
  - 例）寡占市場の発生：適切な価格が決まらない。

    公共サービスの配分：利用者の貧富の差に関係なく需要が発生するので、市場メカニズムになじまない。

    公害の発生：市場では解決されない不利益。
  - →**外部不経済**：経済活動の結果、市場の外で起こる社会への不利益。公害など。
  - →**外部経済**：市場での取引の結果、市場の外で起こる第三者への利益。地価の上昇など。
- **政府の役割**：市場に任せてもうまく機能しない活動を政府が行う。
  - 例）警察・消防などの公共サービスの供給

    道路・公園などの社会資本の整備

    公害対策　など
  - →**公共料金**：政府や議会が決める価格で、水道、放送など公共性が高いものが対象。

4. 経済主体と経済の循環

- 経済主体：家計、企業、政府の三者を指す。それぞれの間で貨幣や財・サービスなどが循環している。

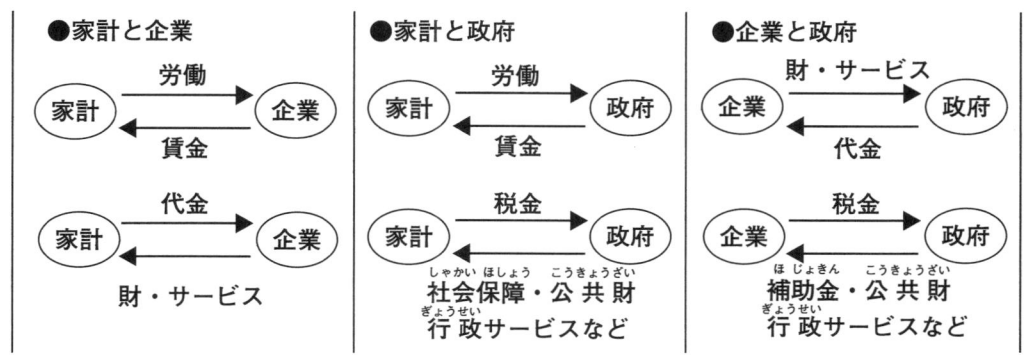

5. 株式会社

- 株式会社：出資者から資金を提供してもらい、その資金によって組織される会社。
- 株主：株式会社に資金を出資した人。株主が株券を購入することで、株式会社に資金が提供される。株主には提供した出資額に応じて、配当として利潤が分配される。
  - →株価：株券を売り買いするときの価格。株価は需給の関係で変化し、その株券を買いたい人が多ければ価格は上昇し、売りたい人が多ければ価格は下がる。
- 所有と経営の分離：株主と経営者が異なった状態。配当や株価上昇の利益を目当てに株券を売買する株主に対して、実際の経営は別の人物が雇われて行う。

6. 国際経済

- 外国為替相場：ある国の通貨とほかの国の通貨を交換するときの比率。
- 変動為替相場制：通貨の交換比率が、需給の関係で変化する制度。
  - →円高（ドル安）：円の価値が（ドルに対して）高くなること。輸入品は安く、輸出品は高くなり、輸出の減少で日本に円高不況と呼ばれる不景気をもたらすことがある。

→ **円安（ドル高）**：円の価値が（ドルに対して）低くなること。輸入品は高く、輸出品は安くなり、輸出は盛況になるが輸入品の値上がりで物価が上昇することがある。

● **円高・円安の例**

| 1ドル＝150円　→　1ドル＝120円 |：1ドルで交換できる円が少なくなり、それだけドルの値打ちが下降。つまり、円の値打ちが上がり、円高の状態。

| 1ドル＝120円　→　1ドル＝150円 |：120円で1ドルと交換できたのが、150円払わないと交換できない。それだけ円の値打ちが下降した円安の状態。

・**国際収支**：ある国が一定期間に行った、外国との貨幣の受け取りと支払いの勘定。

7. 労働市場と賃金

・**労働市場**：人の労働力を売買する場。労働力を商品として、それを欲しがる企業などが買い手、与える労働者が売り手となり、その需給のバランスで賃金が決まる。

→ **賃金**：労働者に対して企業などの使用者が支払う金。労働市場では、賃金は労働力の価格と考える。

8. 物価を表す指標

・**消費者物価**：商品を消費者に販売する段階（小売り）での物価。
・**卸売物価**：生産者から商品を仕入れた業者が、小売店に販売する段階での物価。
・**物価指数**：ある年の物価を100として、各年の物価の動きを表わす数値。消費者物価には消費者物価指数、卸売物価には卸売物価指数がある。

9. 金融と金融政策

・**金融**：銀行などの金融機関を通じて、企業や家計が資金の貸し借りを行うこと。

- **日本銀行**：日本の銀行の中心機関。主な役割は、通貨の発行（発券銀行）、税金の保管、出納など（政府の銀行）、民間銀行の資金の管理など（銀行の銀行）の３つ。
- **金融政策**：政府や日本銀行が、通貨発行量の調節で物価や景気の安定を図ること。
- **公定歩合**：日本銀行が民間銀行に資金を貸し出すときの利子の割合。それによって民間銀行の利子が変化する。

●**公定歩合の操作と景気への影響**

引き上げ　→借り手が減る　→民間に流れる資金が減る　→景気を抑制
引き下げ　→借り手が増える　→民間に流れる資金が増える　→景気を刺激

10. 計画経済体制

- **社会主義経済**：生産手段を国や集団が所有して、市場によるのではなく計画経済によって活動する。
  - →**計画経済**：商品の生産や販売など、供給に関わる活動を政府の計画で行うこと。
  - →**五ヵ年計画**：旧ソ連などで行われていた計画経済。5年を区切りに計画を立てた。
- **中国の社会主義経済**：市場経済のシステムを取り入れた**社会主義市場経済**や外国の資本を導入して改革を行う**経済特区**などを設けて、資本主義型の改革を行っている。

LESSON ② 経済成長・自由化・規制緩和

1. 経済規模の指標 ゼッタイ覚える!

●経済規模を表す指標

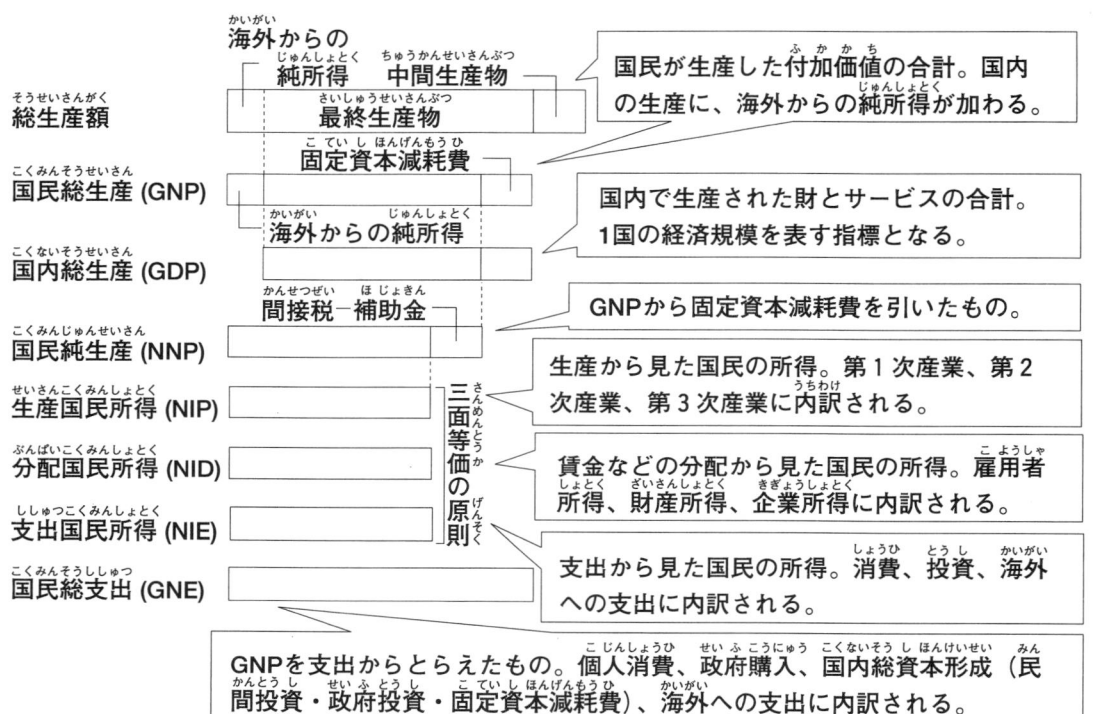

- 付加価値:もとからあるものを加工するなどして、新しく作られた価値。
- 生産物:原材料や部品が中間生産物、最終的に消費されたものが最終生産物。
- 固定資本減耗:生産ごとに、使った工場や設備の価値が減ること。
- 三面等価の原則:生産、分配、支出の国民所得の三つの指標が、合計で一致すること。

2. 経済成長と政府の役割

- 経済成長：国民の経済の規模が大きくなること。主にGDPで表す。
  - →経済成長率：国民の経済の規模が拡大、縮小した割合を示す。主にGDPで表す。
- 政府の役割：経済の発展を支えるために金融、財政、為替などの経済政策を行う。
  - →財政：政府が税金を徴収して行う支出。社会資本を作る**資源配分**、経済的弱者への補助を行う**所得再分配**、公共事業で経済成長を支える**景気の安定化**などを行う。

3. 自由化・規制緩和

- 貿易の自由化：国による制限を外して、自由に他国との貿易を行うこと。
  - →国際貿易体制：条約や国際機構などで、先進国を中心に貿易の自由化を目指している。
  - →世界貿易機関（WTO）：貿易の自由化を実現するための国際機関。1995年設立。1948年発効の「関税及び貿易に関する一般協定（GATT）」を発展させたもの。
- 国際分業：国と国との間で分業を行うこと。比較優位（自国で生産している他の生産物より安く生産できること）にある商品だけを自国で生産、輸出をして、そうでない商品は他国から輸入すると利益が高いとされる。
- 保護貿易：自国の産業を守るため、他国からの輸入などに制限を加えること。
- 関税：貿易にかかる税金。輸入品にかけることで、他国の商品の価格を高くし、国内の商品を守ることが主な目的。国内の産業は保護されるが自由貿易の障壁となる。
- 最恵国待遇：ある国に与えた関税上の特典などの利益を、ほかの国にも適用させること。自由化の条件。
- 貿易摩擦：輸出や輸入が一方に片寄り、相手国と貿易上の紛争が起こること。
  - →日米構造協議：日本からの輸出でアメリカが貿易赤字に陥った状況を改善するために、1989年から翌年にかけて行われた協議。規制緩和や自由化など、日本の市場開放が求められた。
- 規制緩和：企業などが自由に経済活動を行えるように、政府が民間に課した許可や届け出などを緩和、廃止すること。1990年代以来、日本経済の課題となっている。

LESSON ③ インフレーション・経済危機

1. 景気変動とインフレーション

・景気：商品の取引などの経済活動がどのくらい活発に行われているかを示すもの。

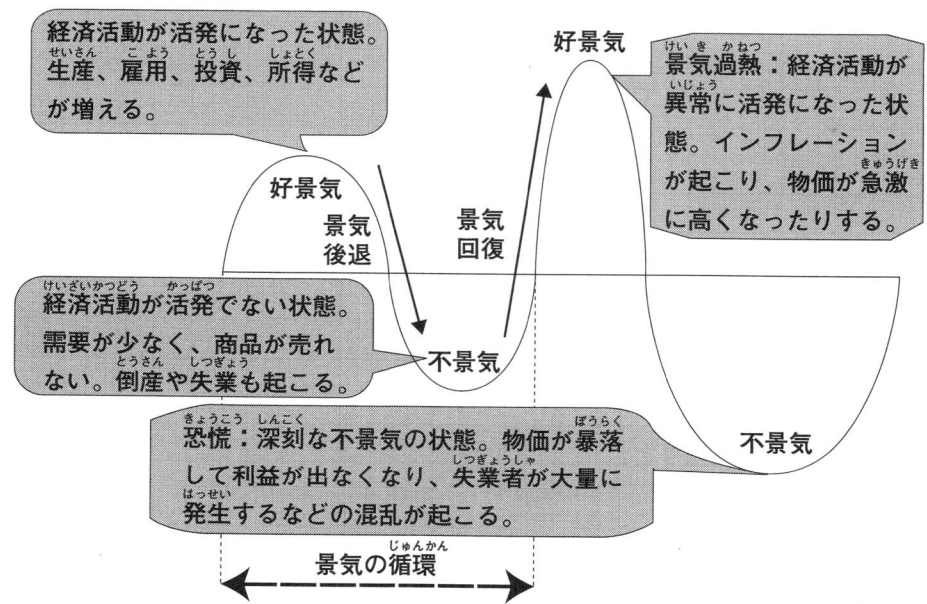

・インフレーション：長期間にわたって、物価が高くなり続けること。
・デフレーション：経済活動が活発でなくなり、物価が下がり続けること。
・スタグフレーション：不景気のときにインフレーションが起こること。

2. 経済危機

・産業の空洞化：製造業などが賃金の安い外国へ生産の拠点を移すことで、国内でその産業が抜けてしまうこと。国内の産業がそのまま衰退する危険がある。
・金融危機：不良債権などを抱え、銀行などが信用を落として経営危機に陥ること。
　→不良債権：貸出先の経営悪化などで回収が難しくなった銀行などの貸出金。
・通貨危機：ある国の通貨の価値が、他の国の通貨と比べて急激に下がること。1990年代後半に、東南アジアから東アジアにかけた国々の通貨が暴落して危機が起こった。

LESSON ④ 社会保障

1. 社会保障と福祉国家

- 社会保障制度：政府が国民に対して、一定レベルの生活を保障する諸制度。
  - →ベバリッジ報告：1942年に出されたイギリスの社会保険に関する報告。国内のニーズへの対応策が検討され、「ゆりかごから墓場まで」というスローガンが掲げられた。
  - →福祉国家：国民の最低限度の生活を保障するために諸政策を行う政府のこと。

2. 日本の社会保障 （ゼッタイ覚える！）

- 社会保険：生活に関わる公的な保険で、国民が強制的に加入する制度。
- 医療保険：けがや病気をした人に医療費などを給付する制度。
  - →国民皆保険：全国民が医療保険に加入していること。日本では1961年に実現した。
- 雇用保険：会社で働く人などが失業したときに、一定期間、保険金を給付する制度。
- 労災保険：労働が原因で起こる病気やけが、死亡に対して保険金を給付する制度。
- 介護保険：高齢者に対して介護や医療などのサービスや費用を給付する制度。
- 年金：老人になって働けなくなったときに保険金が給付される制度。障害者になったり死亡した際にも給付される。以下のいずれかの年金に加入することが義務付けられている。
  - →国民年金：全国民が加入する年金。
  - →厚生年金：民間企業に勤める人が加入する年金。保険料は本人と企業が半額ずつ負担。
  - →共済年金：主に公務員が加入する年金。
  - →積み立て方式：支給する年金を、本人の保険料と運用益の積み立てで拠出する方式。
  - →賦課方式：その年の支給額を、働いている世代や企業、政府が拠出する方式。

3. 日本の公的扶助・社会福祉

- **公的扶助**：生活が困難な弱者に対して、政府が生活を保障する制度。
  → **生活保護**：収入が少なく生活が困難な者に対して政府が行う扶助で、生活保護法では、生活、生業、医療、教育、住宅、出産、葬祭の7項目が定められている。
- **社会福祉**：子ども、老人、母子、障害者などの社会的弱者を援助する行政サービス。
- **公衆衛生**：病気の予防や健康の増進を行うこと。実施機関として保健所がある。

2日目 練習問題

問1 次の文中の空欄（ a ）～（ d ）に当てはまる語句の組み合わせとして正しいものを、次の①～④の中から一つ選びなさい。

　生産者と消費者が商品を取引する場を（ a ）と言う。売り手が商品を売るために（ a ）に財やサービスを提供することを（ b ）と言い、それを買い手が求めることを（ c ）と言う。（ b ）と（ c ）のバランスによって、商品の価値を貨幣で示した（ d ）が変動する。

	a	b	c	d
①	市場	需要	供給	利子
②	市場	供給	需要	価格
③	貿易	需要	供給	価格
④	貿易	供給	需要	利子

問2 需要や供給と価格の関係についての説明として正しいものを、次の①～④の中から一つ選びなさい。

① 需要量が供給量を上回ると、価格は下がる。
② 供給量が需要量を上回ると、価格は下がる。
③ 需要量が増えると、供給量に関係なく価格は上がる。
④ 供給量が増えると、需要量に関係なく価格は下がる。

問3 次の図を見て、下の問い(1)、(2)に答えなさい。

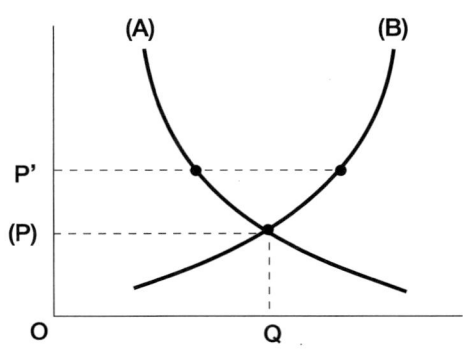

(1) (A)、(B)、(P) に当てはまる語句の組み合わせとして正しいものを、次の①～④の中から一つ選びなさい。

	A	B	P
①	需要曲線	供給曲線	均衡価格
②	供給曲線	需要曲線	平均価格
③	供給曲線	需要曲線	最低価格
④	需要曲線	供給曲線	標準価格

(2) 価格が P' のときの説明として正しいものを、次の①～④の中から一つ選びなさい。

① 需要量が供給量を上回っており、品不足の状態になっている。
② 需要量が供給量を上回っており、売れ残りの状態になっている。
③ 供給量が需要量を上回っており、品不足の状態になっている。
④ 供給量が需要量を上回っており、売れ残りの状態になっている。

問4 イギリスの経済学者アダム=スミスが唱えた「見えざる手」とはどのような現象を指したものか。正しいものを、次の①～④の中から一つ選びなさい。

① 先進国になるにつれて工業を中心に産業が空洞化する現象
② 貿易摩擦が起こると市場がうまく機能しなくなる現象
③ 不景気になると政府の社会保障費が増大する現象
④ 商品の価格が市場の需給バランスによって自然に決まる現象

問5 次の文章を読んで、下の問い(1)、(2)に答えなさい。

　企業は自社の商品を他社より多く売るために、値段を安くして価格競争を行う。しかし、市場に参入している企業が少ない（　a　）市場や、1社しか存在しない（　b　）市場では、価格による競争は起こりにくく、最も有力な企業が決めた価格に他社がしたがう（　c　）が起こり、（　d　）によって価格は下がりにくくなる。

(1) （a）～（d）に当てはまる語句の組み合わせとして正しいものを、次の①～④の中から一つ選びなさい。

	a	b	c	d
①	独占	寡占	価格先導	下方修正
②	寡占	独占	価格破壊	下方修正
③	寡占	独占	価格先導	下方硬直性
④	独占	寡占	価格破壊	下方硬直性

(2) 価格競争ができない場合に起こる非価格競争の例として**不適切なもの**を、次の①～④の中から一つ選びなさい。

① アフターサービスを充実させて、使い勝手で他社の商品に差をつける。
② 大規模な広告や宣伝を行って、自社の商品の知名度をあげる。
③ ブランドを確立させて、他社の商品との差別化をはかる。
④ 供給量を減らすことで、高くても買おうとする消費者の心理をつく。

問6　市場の失敗に関する下の問い(1)、(2)に答えなさい。

(1) 市場の失敗として**不適切なもの**を、次の①～④の中から一つ選びなさい。

① 有害な物質を含む商品が爆発的に売れたため、公害が発生した。
② 不景気のときに生産量を増やしたら、赤字が増えて会社が倒産した。
③ 最も有力な企業の市場占有率が100%に達して、価格が変動しなくなった。
④ 人口が少ない町の鉄道が廃線になり、公共交通による移動手段がなくなった。

(2) 市場の失敗を調整するために最も重要な役割を担うものを、次の①～④の中から一つ選びなさい。

① 政府　② 企業　③ 家計　④ 市場

問7　次のA～Dは外部経済と外部不経済のどちらに当てはまるか。組み合わせとして正しいものを、次の①～④の中から一つ選びなさい。

A　家の前に高速道路が開通して、騒音に悩まされるようになった。
B　家の前に大型スーパーが開店して、土地の価格が上昇した。
C　自動車の売れ行きが伸びた結果、交通渋滞が激しくなった。
D　オフィスを増やすため超高層ビルを建設したら、観光名所になった。

	A	B	C	D
①	外部不経済	外部経済	外部不経済	外部不経済
②	外部経済	外部経済	外部不経済	外部経済
③	外部経済	外部不経済	外部経済	外部不経済
④	外部不経済	外部経済	外部不経済	外部経済

問8　経済循環でのそれぞれの経済主体の役割として正しいものを、次の①～④の中から一つ選びなさい。

① 家計は政府に賃金を払って行政サービスを受ける。
② 企業は家計に財やサービスを提供して代金を受け取る。
③ 政府は企業に労働を提供して補助金を徴収する。
④ 企業は政府に税金を払って代金を受け取る。

問9　社会主義経済の説明として正しいものを、次の①～④の中から一つ選びなさい。

① 中国では、資本主義のシステムを完全に否定した経済改革が行われている。
② 旧ソ連では、公共事業は民間の建設業者による談合で実施された。
③ 社会主義国家では一般的に、国や集団が生産手段を持ち、計画経済で活動する。
④ 現在では社会主義経済の体制を掲げている国は存在しない。

問10 次のA～Dは何を説明したものか。当てはまる語句の組み合わせとして正しいものを、次の①～④の中から一つ選びなさい。

A 個人消費、政府購入、国内総資本、海外への支出を合わせたもの
B 国民が生産した付加価値を合計したもの
C 国内で生産された財とサービスを合計したもの
D Bから固定資本減耗費を引いたもの

	A	B	C	D
①	国民総支出	国民総生産	国内総生産	国民純生産
②	国内総支出	国内総生産	国民総生産	国民純生産
③	国民総支出	国内総生産	国民総生産	国内純生産
④	国内総支出	国民総生産	国内総生産	国内純生産

問11 三面等価の原則において比較される三つの国民所得として**不適切なもの**を、次の①～④の中から一つ選びなさい。

① 名目国民所得　② 分配国民所得
③ 生産国民所得　④ 支出国民所得

問12 経済成長率は主にどの指標で示されるか。正しいものを、次の①～④の中から一つ選びなさい。

① 国民総支出　② 国内総生産　③ 実質国民所得　④ 国民純生産

問13 財政の機能として**不適切なもの**を、次の①～④の中から一つ選びなさい。

① 資源配分　② 景気の安定化　③ 所得再分配　④ 非価格競争

問14 次の文章を読んで、下の問い(1)〜(3)に答えなさい。

　国際貿易では政府の制限を受けずに経済活動が行える（　a　）の環境が望ましいとされるが、各国は自国の弱い産業での輸入に制限をかけるなどの（　b　）を行っているのが実情となっている。また、一方的な輸出や輸入によって貿易相手国との間に（　c　）と呼ばれる紛争が起こる場合もあり、日本とアメリカはこの問題を是正するために1989年に（　d　）を開始した。

(1) （ a ）〜（ d ）に当てはまる語句の組み合わせとして正しいものを、次の①〜④の中から一つ選びなさい。

	a	b	c	d
①	世界恐慌	自由競争	保護貿易	日米構造協議
②	自由貿易	保護貿易	貿易摩擦	日米構造協議
③	自由貿易	世界恐慌	価格破壊	日米共同防衛
④	保護貿易	価格破壊	貿易摩擦	日米共同防衛

(2) 貿易の自由化を実現するためにGATTから発展して生まれた国際機関を何と言うか。正しいものを、次の①〜④の中から一つ選びなさい。

① 国連貿易開発会議　② 先進国首脳会議
③ 世界貿易機関　　　④ 国際通貨基金

(3) 貿易の自由化の障壁となるものは何か。正しいものを、次の①〜④の中から一つ選びなさい。

① 貿易相手国に最恵国待遇をもたらすこと
② 規制を緩和して国内の市場を外国にも開放すること
③ 不正なダンピングを防止すること
④ 輸入商品に高い関税をかけること

問15　景気が循環する順序として正しいものを、次の①～④の中から一つ選びなさい。

① 好景気　→　景気後退　→　不景気　→　景気回復
② 不景気　→　景気後退　→　好景気　→　景気回復
③ 好景気　→　不景気　→　景気回復　→　景気後退
④ 景気後退　→　景気回復　→　不景気　→　好景気

問16　次の文中の(a)～(c)に当てはまる語句の組み合わせとして正しいものを、次の①～④の中から一つ選びなさい。

　物価は景気の変動に合わせて変化をする。不景気で経済活動が活発でなくなり、物価が下がり続ける現象を(a)、景気が過熱して物価が高くなり続ける現象を(b)と言う。しかし、近年では不景気にもかかわらず物価が高くなる(c)と言う現象も先進国を中心に広がっている。

	a	b	c
①	スタグフレーション	デフレーション	インフレーション
②	デフレーション	インフレーション	スタグフレーション
③	インフレーション	デフレーション	スタグフレーション
④	インフレーション	スタグフレーション	デフレーション

問17　日本の社会保障についての説明として正しいものを、次の①～④の中から一つ選びなさい。

① 日本では、国民皆保険が実現しておらず、病気になっても医療を受けられなかったり失業時に完全に収入を失ったりするため、生活保護でこれらを補っている。
② 日本の社会保険は医療保険、雇用保険、労災保険、介護保険の４種類のみで、すべて積み立て方式を採用している。
③ 会社に勤める人は、基礎年金である国民年金のほかに厚生年金に加入しており、本人と勤め先の会社が半額ずつ保険料を負担している。
④ 労働が原因で病気やけが、死亡した人に対して適用される保険制度がないため、過労死が認定されても年金から給付金がもらえるのみである。

☆過去問にチャレンジ！

問　次の文章中の空欄（a）〜（c）に当てはまる語句の組み合わせとして正しいものを、下の①〜④の中から1つ選びなさい。

　企業や家計が、自由な競争を通じて、商品を生産し、売り買いする経済の仕組みは、市場経済とよばれる。市場経済のもとでは、売買される量は市場で決まる価格（市場価格）のはたらきによって調整される。供給量が少なく、需要量が多い時、市場価格は（　a　）する。市場価格が（　a　）すると、生産者は利益が期待できるので生産を（　b　）させる。こうして供給量が増えると、市場価格は（　c　）する。市場価格が（　c　）すると、生産者は利益が減少するので、供給量を少なくする。

	a	b	c
①	上昇	増加	下降
②	上昇	減少	下降
③	下降	増加	上昇
④	下降	減少	上昇

(2002年度　第1回)

≪ 解説 ≫
市場メカニズムで価格や需要量、供給量が均衡に向かうしくみを説明したもの。
(a)：需要が供給を上回っているときは、消費者は高い額を払ってもその商品を欲しがるので、それに応じて価格は上昇する。
(b)：価格が上昇すると利益も大きくなるので、生産者は生産を増加させる。
(c)：供給が需要を上回ると商品が余ってしまうので、生産者は価格を下げてでも売ろうとする。そのため価格は下がり、その分利益も小さくなるので、生産者は生産量を減少させる。

答　①

問　次の表は、A国とB国の工業製品と農産物の、1単位あたりの生産に要する費用を表したものである。国際分業と貿易を促進する上で、A国とB国はどのような判断をすればよいか。正しいものを、下の①～④の中から一つ選びなさい。

	工業製品	農産物
A国	90	80
B国	100	120

① A国は工業製品と農産物の両方に比較優位をもつので、A国は工業製品と農産物の両方の生産をおこなう。
② A国は農産物に比較優位があり、B国は工業製品に比較優位があるので、A国は農産物の生産に、B国は工業製品の生産に特化する。
③ A国は工業製品に比較優位があり、B国は農産物に比較優位があるので、A国は工業製品の生産に、B国は農産物の生産に特化する。
④ B国は工業製品と農産物の両方に比較優位をもつので、B国は工業製品と農産物の両方の生産をおこなう。

(2002年度　第2回)

≪ 解　説 ≫

　それぞれの国で比較優位なものを見る。A国で比較優位にあるのは農産物、B国では工業製品である。このような場合、B国は工業製品の生産に重点を置き、農産物はA国から輸入する。また、A国は農産物を自国で作り、工業製品を自国より割高であってもB国から輸入した方が、利益が大きいとされる。これが、イギリスの経済学者リカードが主張する**比較生産費説**である。

答　②

問　寡占市場で一般にみられる状況として最も適切なものを、次の①～④の中から一つ選びなさい。

① 少数の企業が市場を支配し、価格決定に大きな影響を与える。
② 企業の自由な競争にもとづいて価格が決定されている。
③ 価格は需要と供給の変動によって自動的に決定される。
④ 「見えざる手」に導かれて、資源の効率的な配分が自然に達成される。

(2002年度　第2回)

≪ 解 説 ≫
　寡占とは市場に商品を供給する企業などが少ない状態を指す。少数の企業が結束して競争が起こらなければ、価格は市場メカニズムに関係なく、供給する側の企業がコントロールできるようになる。

答　①

問　次の文章を読み、下の問い(1)、(2)に答えなさい。

　企業や消費者が、生産や消費を通じて、市場の外で社会に不利益をもたらすことを「外部不経済」という。そこで、外部不経済を是正するために、しばしば政府の活動が求められる。これが「公共財」として提供される場合がある。

(1)　外部不経済の事例として**不適切なもの**を、次の①～④の中から1つ選びなさい。

①　工場で自動車を生産したが、不況のために売れ残ってしまった。
②　産業廃棄物を大量に投棄した場所から、有害物質が発生した。
③　景気がよくなって工場が夜にも操業したので、夜間の騒音がはげしくなった。
④　駅の売店でタバコを買った人が、ホームで大量に喫煙していて空気が汚れた。

(2)　公共財の事例として正しいものを、次の①～④の中から1つ選びなさい。

①　リゾート・ホテル　　②　水資源　　③　労働力　　④　河川の堤防

（2002年度　第1回）

≪ 解 説 ≫
(1)　②、③、④はいずれも環境の悪化で外部不経済。①は市場で解決すべき問題。

答　①

(2)　公共で利用されるもので、それ自体が利益を生み出さないものを選ぶ。

答　④

3日目　現代の政治1

LESSON ① 民主主義、政治参加

1. 民主主義とは

民主主義とは、人々の意思に従って政治を行う政治体制を言う。

2. 民主主義の基本原理

- **間接民主主義**：選挙で選ばれた代表者が、人々の意思を政治に反映させる仕組み。人々が議会に自分達の代表を送り込む議会制民主主義はその具体的な制度である。
- **直接民主主義**：人々が直接、自分の意思を政治に反映させる制度。現代の政治では、主に間接民主主義を補う役割を担っている。

●直接民主主義の例

制度	住民総会	住民投票(レファレンダム)	住民発案(イニシアチブ)	住民解職(リコール)
内容	議会をおかずに、住民全員が集まって自分たちの意思を決める	議会などから出された重要な政策の是非を、有権者全員の投票で決める	人々から議会などへ政策を発案。議会に否決されたら国民投票にかける	重要な役職につく公務員を解職する
例	スイスの州民総会	ヨーロッパではEU参加の是非など、幅広く行われる。日本でも自治体で住民投票の制度を作る動きが起こっている	イタリア、スウェーデンなどでは法律案の国民発案が認められている	日本の自治体での首長のリコール

●民主主義を支える基本原理

三権分立	法治主義	立憲政治
権力の濫用を防ぐために、権力を立法権・行政権・司法権の3つに分け、お互いにチェックを行う仕組み	正しい手続きによって法を定め、政府はそれに従って政治を行わなければならないとする考え方	憲法を定めることで、権力を制限して、市民の権利と自由を守る政治のあり方

（三権分立の図：立法権（議会）、司法権（裁判所）、行政権（大統領・内閣）が相互にチェック）

（法治主義の図：議会 → 法律 → 政府）

（立憲政治の図：国家権力 ←抑圧× → 市民、憲法）

ゼッタイ覚える！
- 立法：議会などで法律や条例などの法を定める。
- 行政：法で定められた内容を実行する。
- 司法：社会の争いごとを、裁判などで法を使って解決する。

3. 民主主義の歴史

近代民主主義は、17〜18世紀の欧米を舞台とした**市民革命**によって実現した。商工業者を中心とした**ブルジョワジー**と呼ばれる市民階級が、新しい勢力となって、それまで王が国を支配していた**絶対君主制**を倒し、自由と平等を尊重する**市民社会**が生まれた。

●近代民主主義を作った思想家たち

思想	社会契約説（社会や国家は、人々の相互の契約によって生まれたとする説）			三権分立
人物	ホッブズ	ロック	ルソー	モンテスキュー
著作	『リヴァイアサン』	『市民政府二論』	『社会契約論』	『法の精神』
主張	人々が平和を保つためには、契約で作った国家の絶対的な支配が必要だ	国家は契約によって生まれたのだから、国家は人々の信託なしには成立できない	人々が自由を取り戻すため、契約をして人民主権の国家を作る必要がある	自由と権力のバランスが重要であり、それを実現するために三権分立が必要である

● 主な市民革命

名前	清教徒革命	名誉革命	アメリカ独立戦争	フランス革命
国	イギリス	イギリス	アメリカ	フランス
年代	1642～1649	1688	1775～1783	1789
内容	清教徒と呼ばれる勢力を中心にクロムウェルら議会派が王政を打倒	復活した王政を、流血なしで再び廃止させた	アメリカの13州がイギリスから独立した	自由・平等・博愛の名のもとに王政を打倒
宣言	——	権利章典	独立宣言	人権宣言

4. 民主政治への政治参加

- **市民運動**：原子力発電所立地やゴミ処理場の建設をめぐる地域住民の反対運動や、環境問題、福祉問題、教育問題など、個別のテーマに取り組む様々な運動が、地域に身近な自治体などを舞台に盛んに行われている。日本では1960年代の公害問題への取り組みに始まり、主婦など女性の参加が多い。

- **NPO**：民間非営利団体ともいう。市民運動をリードする団体として多数結成され、NGO（非政府組織）として、国際会議に出席するなど、国境を越えて大きな力を持っている団体も多い。(→ p.99)

5. 世論とマスメディア

- **世論**：社会全体の一般的な意見を指す。政党（→ p.48）などは世論を味方につけることで、市民の支持を得ようとする。国の政治は特に世論に反応しやすい。

- **マスコミ**：新聞やテレビなどのマスメディアによって、大量の情報を一方的に流す伝達手段。客観的な立場で世論調査を行う一方、世論の形成にも大きな影響力を持つ。視聴率を競うあまり、内容軽視の商業主義が批判を浴びている。また、プライバシーの保護にも慎重な対応が求められている。

LESSON ② 政党・選挙

1. 政党と政党政治

政権の獲得を目指す団体を**政党**という。政党は、選挙で理念や政策を訴えた公約を掲げ、議会で多数の議席の獲得を目指す。政党が政権を担当する政治を、**政党政治**という。また、議院内閣制（→p.59）の国で、政党が首相を選出して担当する内閣を**政党内閣**という。

2. 与党と野党

政権を担当している政党を**与党**、担当していない政党を**野党**という。与党は政権を握り利益や理念を実現し、野党はそれを批判して国民の支持を集め、次の政権を狙う。

3. 政党制と各国の政治システム

制度	一党制	二大政党制	多党制
特徴	1つの政党が議会や行政を独占。ナチスのようなファシズム政権、共産党による社会主義政権、発展途上国の開発独裁政権などがある。	勢力の大きさが近い2つの政党が議会の議席を分け合い、政権を競う。	3つ以上の政党が政権を競い合う。単独では過半数が取れず、ほかの党と連立を組むことが多い。
現在の主な例	中国の共産党や北朝鮮の朝鮮労働党など。	共和党と民主党が政権を争うアメリカ、保守党と労働党が争うイギリスなど。	イタリア、ドイツなど西欧諸国に多い。

日本も多党制だが、自由民主党（自民党）が第一党であり続け、**一党優位制**ともいう。

4. 日本の政党史

1955年、日本社会党の統一、自民党の結成で、二大政党制に近い**55年体制**が生まれた。公明党、民社党の登場で野党は**多党化**したが、自民党は一党優位制を維持した。
1990年代には汚職や消費税問題で自民党が支持を落とし、1993年、野党8会派によ

る細川連立内閣が誕生した。新しい政党が相次いで結成され、新党ブームが起こった。また、社会党は議席数を大幅に減らし、55年体制は終わりを告げた。

その後、自民党は連立で政権を取り返し、野党は再編を繰り返し勢力結集を目指している。

● 55年体制の成立と崩壊

総選挙	1955年	1976年	1993年	2000年
特徴	55年体制の成立	野党多党化	55年体制の崩壊	自民党復調
与党	自民党	自民党	社会党・新生党・公明党・日本新党・民社党・さきがけ・社民連	自民党・公明党・保守党
野党	社会党・共産党ほか	社会党・公明党・民社党・共産党ほか	自民党・共産党	民主党・自由党・共産党・社民党ほか

5. 脱政党化と無党派層

日本では、政党が離合集散や汚職で人々の信用を失い、有権者の脱政党化が進んでいる。世論調査では支持政党なしと答える有権者が多く、無党派層と呼ばれている。地方選挙でも政党に所属しない候補者が支持を集めて、政党は危機に瀕していると言える。

6. 選挙制度の特徴 【ゼッタイ覚える！】

制度	小選挙区制	大選挙区制	比例代表制
特徴	1選挙区から1人の代表を選ぶ。二大政党制の国ではどちらか一方を選ぶことになり、政権を選びやすい。	1選挙区から2人以上の代表を選ぶ。2位以下にも議席が与えられ、死票が少ない。	政党に投票して、得票率に応じて政党に議席を配分する。有権者の意思がほぼ忠実に議席に反映される。候補者個人より政党の公約が重視される。
短所	2位以下の投票はすべて議席に結びつかない死票となるので、多党制の国では小政党が議席を持てなくなる。	小政党でも議席が確保しやすく、議会で政党が乱立しやすい。	死票が少ないため小政党が乱立しやすい。候補者個人の個性は見えにくい。

二大政党制のアメリカやイギリスでは小選挙区制、多党制のイタリアやドイツでは小選挙区制と比例代表制の混合型の選挙制度を持つ。

7. 日本の選挙制度

衆議院では、小選挙区を重視して二大政党制を目指したが、野党の再編が進まず自民党優位の制度となっている。任期が短く解散がある衆議院の方が民意を反映しやすいと言われるが、解散の時期が与党の都合に左右されやすく、与党に有利になることもある。

制度	衆議院		参議院	
制度	小選挙区比例代表並立制		大選挙区制と比例代表制	
定数	480名		242名	
定数	小選挙区	比例区	選挙区（都道府県）	比例区
定数	300名	180名	146名	96名
任期	4年（全員同時に改選）		6年（3年ごとに半分ずつ改選）	
解散	あり		なし	
選挙権	日本国籍を持つ20歳以上の男女			
被選挙権	日本国籍を持つ25歳以上の男女		日本国籍を持つ30歳以上の男女	
その他	比例区と選挙区の両方に重複立候補できるので、小選挙区で落ちても比例区で復活当選できる。 ・惜敗率：選挙区で落選した候補者の、当選者に対する得票率。順位の高い候補者から当選。重複立候補している者で順位が同じ場合、惜敗率の高い者から当選。		比例区は政党名か候補者名で投票。いずれも政党の得票として数えられ、議席数が決まる。 ・非拘束名簿式：各自の得票数によって当選順位が決まる。名簿にはあらかじめ順位が決められておらず、候補者名での得票数の高い候補者から当選。	

・中選挙区制：衆議院で1993年まで実施された制度。大選挙区の一種で、候補者1名に投票する。2位や3位の得票でも当選が可能で、少数政党も議席を得やすかった。

3日目　練習問題

問1 次の表は、2002年3月にスイスで行われた、国連加盟の是非を問う国民投票と各州の賛否の結果である。この表についての説明として正しいものを、下の①～④の中から一つ選びなさい。

国民投票	投票率	57.8％
	賛成	54.6％
	反対	45.4％
各州の賛否	賛成	12州
	反対	11州

① スイスの国民は国連加盟に関心が低く、投票率は過半数を超えなかった。
② 国民投票と各州の賛否では、国連加盟の是非の結果が異なっている。
③ 全有権者の4人に1人が国連加盟に反対の投票をしている。
④ 投票に行かなかった人を加えたら反対が上回るので、この結果は無効である。

問2 次の文章を読み、下の問い(1)、(2)に答えなさい。

　17世紀から18世紀にかけて、欧米では絶対王政を倒して近代民主主義を生み出す（　a　）が起こるようになった。その思想の中心にあったのが、ホッブズ、ロック、ルソーらが主張した（　b　）である。フランスの思想家ルソーは、1フランス革命が起こるおよそ30年前に、自らの著作の中で、（　c　）と説いた。

(1) 文中の(a)～(c)に当てはまる語句の組み合わせとして正しいものを、次の①～④から一つ選びなさい。

	a	b	c
①	市民革命	市民政府二論	人々の契約による人民主権の国家が必要である
②	市民運動	社会契約説	権力のバランスを保つ三権分立が必要である
③	市民運動	リヴァイアサン	権力のバランスを保つ三権分立が必要である
④	市民革命	社会契約説	人々の契約による人民主権の国家が必要である

(2) 下線部1「フランス革命」の説明として正しいものを、次の①〜④の中から一つ選びなさい。

① 自由・平等・博愛の名の下に王政が打倒され、人権宣言が発せられた。
② イギリスの支配から逃れるために13の州が戦い、独立を勝ち取った。
③ 血を流すことなく成功したため、名誉革命とも呼ばれている。
④ 外国から新しい国王を迎え、ルソーやロックから激しい批難を受けた。

問3 民主主義を支える制度についての説明として正しいものを、次の①〜④の中から一つ選びなさい。

① 市民活動は、政治に直接参加することで議会制民主主義を否定している。
② マスメディアの役割は、様々な世論を一つの意見に一致させることである。
③ NGOやNPOと呼ばれる組織が、国にかわって選挙を行うようになっている。
④ レファレンダムやリコールは、間接民主主義を補う役割を持っている。

問4 次の表は、日本で2003年3月までに国や自治体の認証を受けたNPOの数を、活動の種類ごとに集計したものである。この表についての説明として正しいものを、次の①〜④の中から一つ選びなさい。

活動の種類	法人数	割合(%)
保健・医療又は福祉の増進を図る活動	6349	59.54
社会教育の推進を図る活動	4938	46.31
まちづくりの推進を図る活動	4082	38.28
文化、芸術又はスポーツの振興を図る活動	3174	29.76
環境の保全を図る活動	3032	28.43
災害救援活動	779	7.3
地域安全活動	902	8.46
人権の擁護又は平和の推進を図る活動	1707	16.01
国際協力の活動	2544	23.86
男女共同参画社会の形成の促進を図る活動	1022	9.58
子どもの健全育成を図る活動	4038	37.87
前各号に掲げる活動を行う団体の運営又は活動に関する連絡、助言又は援助の活動	4249	39.84

(内閣府ホームページより)

① 災害救援活動を行う NPO が最も少ない。
② NPO の活動を支援するための NPO は作られていない。
③ 環境の保全を図る活動を行う NPO が全体の半分以上である。
④ 福祉や教育に携わる NPO は、ほかの活動と比べるとかなり少ない。

問5　民主主義を支える制度についての説明として正しいものを、次の①〜④の中から一つ選びなさい。

① 政治不信が高い日本では、法治主義はあまり徹底されていない。
② 三権分立の目的は、すべての権力を一つに集中させるためである。
③ 現在では世界のほとんどの国が立憲体制となっている。
④ 三権分立を行っている国では、必ず司法が優位となっている。

問6　日本の市民運動・住民運動についての説明として正しいものを、次の①〜④の中から一つ選びなさい。

① 1960 年代に公害問題が起こったときは、住民運動はほとんど起こらなかった。
② 市民運動には主婦を中心とした女性の参加が多く、学生なども加わっている。
③ 日本の市民運動は国際的な NGO などとはつながりをもたないようにしている。
④ 近年では条例や法律の制定を求める市民運動も活発になってきている。

問7　1999 年、吉野川河口堰（ぜき）の計画をめぐる住民投票を行うための条例が、徳島市議会に提出された。次の表はその条例の採決の結果である。これを見て、下の問い(1)、(2)に答えなさい。

定数	賛成	反対
40	22	16

(1)　この結果から、吉野川河口堰の計画の是非に関する説明として正しいものを、次の①〜④から一つ選びなさい。

① 住民投票条例が否決されたため、住民投票は行われないことになった。
② 住民投票の結果、定数 40 名のうち賛成が 22 名で賛成派が勝利した。
③ 吉野川河口堰の計画の是非は、住民投票で住民に問われることになった。
④ 賛成と反対の合計が定数に満たなかったので、住民投票は成立しなかった。

(2) 住民投票に関する説明として**不適切なもの**を、次の①〜④のから一つ選びなさい。

① ヨーロッパでは、EU加盟や原発の立地など住民投票が幅広く行われている。
② 日本では自治体で住民投票を行うための条例が増えつつある。
③ 住民投票は議会制民主主義を否定するものとして、日本では行われた例がない。
④ イタリアでは国民投票にかけるテーマも、国民から発案することができる。

問8 次の表は、マスメディアが行った憲法改正についての世論調査の結果である。これを見て下の問い(1)、(2)に答えなさい。

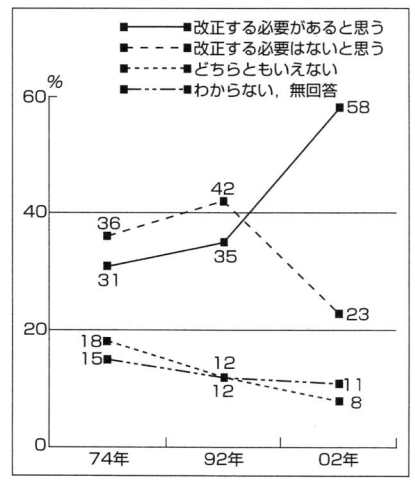

(NHK『「日本人と憲法2002」調査』による)

(1) この世論調査から読み取れることとして正しいものを、次の①〜④の中から一つ選びなさい。

① 1992年から2002年の10年間で日本人の憲法改正への意識が大きく変わった。
② 「わからない・無回答」とする人が増え、憲法への関心が低くなっている。
③ 1974年以降、改正する必要があると思うと答える人が常に多数派だった。
④ 改正する必要はないと思うと答える人は年々減り続けている。

(2) 世論調査についての説明として正しいものを、次の①〜④の中から一つ選びなさい。

① 日本では世論調査を行うのは政府ではなく、新聞社や放送局だけである。
② 世論調査の結果で、世論や政治が影響を受けることはほとんどない。
③ マスメディアは商業主義によって、自らに有利な結果を作ることが望まれる。
④ マスメディアは世論の形成に大きな影響力を持っている。

問9　二大政党の対立についての説明として正しいものを、次の①～④の中から一つ選びなさい。

① 日本では55年体制で二大政党制となり、常に自民党と社会党のみが議席を持っていた。
② ヨーロッパの代表的な二大政党制の国はドイツとフランスである。
③ アメリカでは民主党と保守党が大統領選挙のたびに政権交代を繰り返している。
④ イギリスでは二大政党制が定着しているが、第3の政党も存在する。

問10　次のグラフは、2000年に行われた衆議院議員選挙の結果である。これを見て下の問い(1)、(2)に答えなさい。

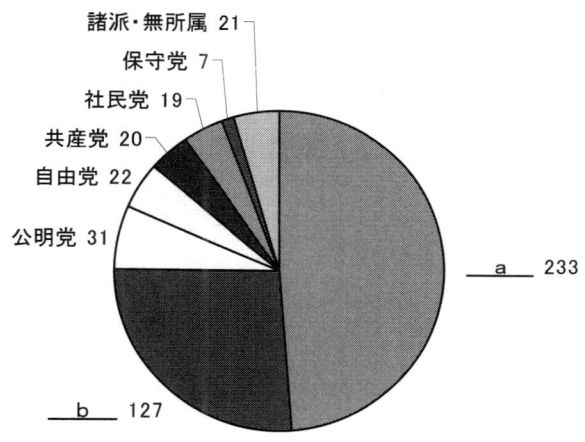

(1) グラフの　a　、　b　それぞれに当てはまる政党の組み合わせとして正しいものを、次の①～④から一つ選びなさい。

①	自由民主党	民主党
②	民主党	自由民主党
③	自由民主党	日本社会党
④	日本社会党	民主党

(2) この選挙の後の政治状況として正しいものを、次の①～④の中から一つ選びなさい。

① 　a　の政党は過半数の議席を獲得できず、　b　の政党と連立を組んだ。
② 諸派・無所属を除いた野党は連立で政権を取った。
③ 　b　の政党が野党第1党となり、与党を批判しながら次の政権を狙う。
④ この選挙後に、共産党は初の与党として連立政権に参加することになった。

問11　1990年代の日本の政治状況についての説明として正しいものを、次の①～④の中から一つ選びなさい。

① 1990年代を通じて日本社会党が大きく議席を伸ばし、自民党政権を倒した。
② 新党ブームで多くの政党が生まれ、1993年に非自民の連立政権をつくった。
③ 90年代以降、自由民主党をのぞく連立政権が続き、93年体制と呼ばれた。
④ 政治改革が行われ、自由民主党と民主党の二大政党制が実現した。

問12　各国の政党政治についての説明として正しいものを、次の①～④の中から一つ選びなさい。

① アメリカやドイツでは、二大政党制で選挙のたびに政権が入れ替わっている。
② 旧社会主義諸国では、開発独裁と呼ばれる一党独裁体制が批判を浴びている。
③ イタリアのように小党が分立している国では連立政権になり政局が複雑になる。
④ 中国では、改革解放路線によって共産党が分裂して、多党制が実現した。

問13　選挙制度についての次の文章を読み、下の問い(1)、(2)に答えなさい。

　選挙制度には小選挙区制、大選挙区制、比例代表制などがあり、それぞれが1 選挙制度の長所と短所を持っている。各国は2 それぞれの政治事情にあった選挙制度を採用している。

(1) 下線部1「選挙制度の短所と長所」の組み合わせとして正しいものを、次の①～④の中から一つ選びなさい。

	選挙制度	長所	短所
①	小選挙区制	政権を選びやすい	二大政党制に向かない
②	大選挙区制	死票が少ない	大政党が有利になる
③	比例代表制	政党の公約を重視できる	小政党が乱立しやすい
④	中選挙区	死票がない	連立政権ができにくい

(2) 下線部2「それぞれの政治事情にあった選挙制度」の説明として正しいものを、次の①～④の中から一つ選びなさい。

① イタリアやドイツでは、小選挙区制と比例代表制をあわせた制度を行っている。
② アメリカでは二大政党のどちらも議席を取れるように大選挙区制を行っている。
③ イギリスでは比例代表制を導入しているが小政党は現れていない。
④ 日本では政治改革の結果、衆議院で完全な小選挙区制が導入された。

問14　戦後の日本の政党支持に関する説明として正しいものを、次の①〜④から一つ選びなさい。

① 1960年代に自民党の議席数は過半数を割り、社会党の議席数が大きく迫った。
② 1990年代には、政治不信の影響で支持政党のない無党派層が減少した。
③ 1955年から1993年の細川内閣誕生まで、自民党は常に与党だった。
④ 1960年代から野党が多党化したが、現在でも残っている政党はない。

問15　次のグラフは1997年と2002年の有権者の政党支持を調査したものである。このグラフを見て、日本の政党支持の状況についての説明として正しいものを、次の①〜④の中から一つ選びなさい。

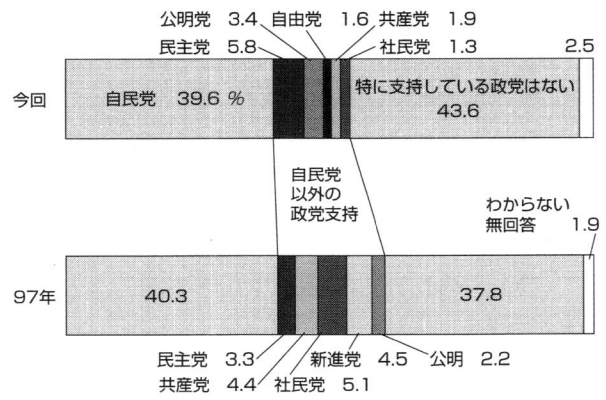

(NHK『「転換期の政治意識・2002」調査』による)

① 自民党以外の政党はすべて支持率を下げている。
② 2002年には自民党の支持が無党派層を上回って支持を回復している。
③ 2002年には共産党の支持率が倍増して、自民党以外の政党では一番高い。
④ 無党派層と呼ばれる、支持政党を持たない有権者が増えている。

問16　日本の国会の選挙制度に関する次の文章を読み、空欄(a)〜(c)に当てはまる語句の組み合わせとして正しいものを、下の①〜④の中から一つ選びなさい。

　日本の国会では、衆議院は定数（ a ）人で、解散があり、（ b ）を採用している。また、参議院では大選挙区と比例代表制を合わせた選挙制度を採用しており、（ c ）年ごとに半数を改選する。

	a	b	c
①	500	小選挙区比例代表連用制	5
②	480	小選挙区比例代表並立制	3
③	300	中選挙区制	5
④	500	小選挙区比例代表並立制	3

☆過去問にチャレンジ！

問　現代の民主政治の特徴を、次の①～④の中から一つ選びなさい。

① 政策形成における官僚の発言力が低下している。
② 政党が政治運営において主導的な役割を演じている。
③ 多くの先進諸国では選挙にインターネットが導入された。
④ 女性の政治参加が制限される傾向にある。

(2002年度　第2回)

≪ 解　説 ≫
① 近年は行政国家と呼ばれるほど、行政の役割や力が大きくなり、官僚はその担い手として大きな発言力を持っている。日本でも官僚が政治家にかわって政策を作る官僚主導のシステムが、1990年代以降、長年の問題になっている。
② 政党は議会で過半数の議席を占めたり、自分の党から内閣総理大臣や大統領を出したりすることで、権力を握ろうとする。
③ 選挙運動にインターネットを活用することはあっても、選挙そのものをインターネットでは行わない。ただし、投票場で紙に書かずにコンピュータ画面に自分の投票を入力する電子投票は、先進国を中心に進んでいる。
④ 女性の政治参加は近年、ますます盛んになっている。イギリスでは1980年代にサッチャー女史が首相となり強いリーダーシップを発揮した。日本でも東京都国立市の上原公子市長など、女性の首長が誕生している。

答　②

4日目 現代の政治2

LESSON ① 議院内閣制と大統領制

1. 政治体制

- 政治体制：政治制度や政治組織などのあり方。議会の信任で内閣総理大臣が選ばれる議院内閣制と国民の選挙によって大統領が選ばれる大統領制とで大きく分かれる。

2. 議院内閣制

- イギリスの政治機構

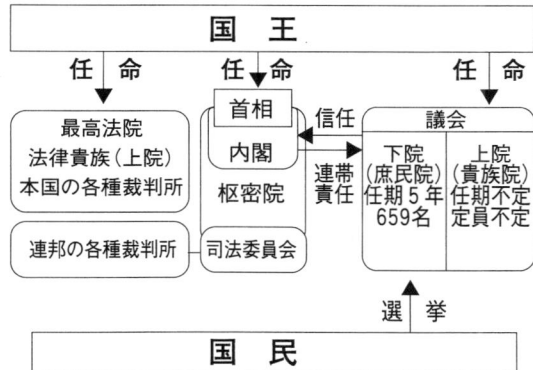

- 国王が元首である立憲君主制
- 国王の任命は形式的なもの
  ＝「君臨すれど統治せず」の原則
- 内閣は下院の信任に基づく
- 下院の与党の党首が首相となり内閣を組織する
- 野党は「陛下の反対党」として「影の内閣」を組織する
- 下院で内閣不信任案を可決した場合
  →内閣は総辞職か下院を解散させる
- 上院と下院では下院が優越する
- 保守党と労働党の二大政党制
- 国民の選挙権は18歳以上

3. 大統領制

①アメリカの大統領制

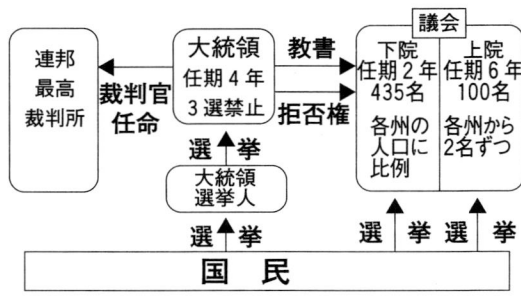

- 大統領は、国民の選んだ選挙人が選挙をして決める　＝間接選挙
- 大統領は行政府の長であるとともに、国家元首として強い権限を持つ
- 大統領は議会が可決した法案に拒否権を持つ。議会はこれに対して3分の2の賛成を得れば再可決できる
- 大統領は予算や法案が提出できない代わりに、教書を出して政策の審議を勧告することができる
  → 教書：大統領が議会に送付する文書で、国政の報告のほか、大統領が掲げる政策に必要な法案や予算の審議を勧告する。
- 大統領と各省長官は議員を兼職できない
- 連邦最高裁判所が違憲審査を行い、議会と大統領を監視する役割を持つ
- 共和党と民主党の二大政党制
- 国民の選挙権は18歳以上

②フランスの大統領制

　大統領は国民の選挙で選ばれる。首相の任命権は大統領にあり、通例として下院の多数党の指導者を任命する。下院が首相を不信任にできるのに対し、大統領が下院の解散権を持つ。実質的な権限は大統領と首相に分かれている。選挙権は18歳以上。

③ドイツの大統領制

　形式的な大統領制で、大統領は議会によって選出され、儀礼的に国家を代表する。実際の政治の権限は首相が握っている。実質的には議院内閣制。選挙権は18歳以上。

LESSON ② 憲法

1. 立憲体制

- 憲法：権力者が守るべき原理として、市民と政府の間に結ばれる国家の最高法規。近代憲法では権力の濫用を防ぎ、人権の尊重をうたう。

●憲法の種類

不文憲法	具体的な憲法典が存在せず、重要な法律や政治的習慣をまとめて憲法と呼ぶ。イギリスがこの憲法。	成文憲法	文章化され、条文をもつ憲法。世界のほとんどの国が成文憲法を持つ。
欽定憲法	君主が制定した憲法。	民定憲法	国民が制定した憲法。

2. 日本国憲法

- 日本国憲法の三大原理

	国民主権	国民自らが政治を行う（前文） 天皇は日本国、日本国民統合の象徴となった（1条）
	平和主義	戦争の放棄・交戦権の否認・戦力の不保持（9条）
	基本的人権の尊重	人権の尊重をうたう（11条など）

- 国民の三大義務：勤労の義務、納税の義務、子どもに教育を受けさせる義務

・日本国憲法に基づく政治機構

国会	「国権の最高機関」で「国の唯一の立法機関」である。
●二院制	国会は衆議院と参議院からなる。いずれも議員は直接選挙で選ばれる。
●衆議院の優越	衆議院には予算先議権がある。また、条約の承認、法律、予算や内閣総理大臣の指名などで参議院と異なる議決をした場合、衆議院の議決が優先する。内閣不信任案は解散のある衆議院のみ議決することができる。
●弾劾裁判所	裁判官の重大な非行などを罰するための裁判所。国会に設置される。
●国政調査権	国政を調査するために、証人の出頭や記録の提出を求めることができる。ただし、司法（裁判）に関する内容の調査は制限を受ける。
●憲法改正の発議	各議院で総数の3分の2以上の議員の賛成を受けて発議ができる。

内閣	「行政権は、内閣に属する」と定められている。
●内閣総理大臣	国会議員の中から指名される。内閣の過半数は国会議員で構成。内閣総理大臣は、衆議院と参議院がそれぞれ議決を行い指名する。衆議員と参議員の指名が異なった場合は両院協議会で協議されるが、それで決まらなければ、衆議院の指名が優先される。現行憲法下でのこれまでの内閣総理大臣の在任期間は平均2年余りで、諸外国に比べると短い。
●予算・法律	内閣は予算案と法律案の国会への提出権を持つ。
●国会の召集	内閣が必要としたときは臨時会が開かれる。
●衆議院の解散	内閣不信任がなくても、内閣総理大臣は自由に衆議院を解散できる。

裁判所	15名の裁判官の最高裁判所の下に高等裁判所、地方裁判所、家庭裁判所がある。
●三審制	上訴によって、3回まで審理を受けることができる裁判制度。
●違憲立法審査権	法律などが憲法に違反していないか判断する権限。
●国民審査	最高裁判所の裁判官は10年に1度、国民審査で信任投票にかけられる。

3. 地方自治

- 地方自治：地方公共団体（自治体）を設けて、住民自らがその事務にあたること。
  → 地方自治の本旨：住民自らが自治を行う住民自治と、国などの指揮を受けない地方公共団体による団体自治。
- 条例：自治体は、法律の範囲内で条例（自治体が定める法令）を定めることができる。
- 自主財源：自治体が徴収して自らその使い道を決められる財源。割合は少ない。
- 直接請求権：住民は、一定の署名を集めて条例の制定・改廃、リコールなどを要求できる。条例の制定・改廃は有権者の50分の1、リコールは3分の1の署名で請求できる。
- レファレンダム：一自治体にのみ適用される法律についてはその自治体で住民投票にかけられる。また、近年では市町村合併の是非を問う住民投票が多い。

4. 日本の憲法史

- 大日本帝国憲法：プロイセンの憲法を規範に伊藤博文らが起草した欽定憲法。1889年発布。
  → 天皇主権：国家の意思を決めるのは天皇であるとする大日本帝国憲法の基本原理。
  → 臣民の権利：国民は天皇に仕える臣民とされ、その権利は法律によって制限された。
  → 統帥権の独立：軍隊の指揮権を天皇が独占すること。軍部が暴走する原因となった。
  → 帝国議会：衆議院と貴族院の二院制。貴族院は皇族、華族など特権階級の議員で構成された。
  → 枢密院：天皇を補佐する最高諮問機関で、長老らが大きな力を振るった。
- 日本国憲法の作成へ
  ポツダム宣言（1945年）：連合国が日本の無条件降伏、軍国主義廃絶、民主化などを求めた宣言。
  マッカーサー草案：連合国軍最高司令官総司令部（GHQ）が作成した日本国憲法の草案。日本国憲法の三大原理はこの草案に盛り込まれていた。

LESSON ③ 人権

1. さまざまな人権

自由権	国家の干渉を排除する権利。	参政権	政治に参加する権利。
	精神の自由、身体の自由、思想・良心の自由、学問の自由、表現の自由、経済活動の自由など		選挙権、被選挙権、請願権、最高裁判所裁判官の国民審査権など
平等権	すべての人が等しく扱われることを要求する権利	社会権	人間らしい生活を送る権利で、20世紀に広まった
	法の下の平等、両性の本質的平等など		生存権、教育を受ける権利、労働基本権など

2. 新しい人権

- 環境権：きれいな水、空気、日照など、人間に必要な生活環境を得る権利。
- 知る権利：国民が必要な情報を自由に得ることができる権利。
- プライバシーの権利：個人の私生活をみだりに公開されない権利。

3. 国際社会での取り組み

- 人権の国際化：第2次世界大戦後、人権問題は国際的な課題としてとらえられるようになり、国際連合ではさまざまな人権の保障に関する宣言や条約が採択された。
- 世界人権宣言：人権保障の基準を示した宣言で、拘束力はない。1948年に採択。
- 人種差別撤廃条約：人種や皮膚の色などによる差別を禁止した条約。1965年に採択。
  → アパルトヘイト：南アフリカ共和国で行われた人種差別の政策。1994年に撤廃。
- 国際人権規約：世界人権宣言を条約にしたもので2つの規約がある。1966年に採択。
- 子どもの権利条約：18歳以下の子どもの権利や保護に関する条約。1989年に採択。

LESSON ④ 行政国家化

1. 行政の肥大化

- 行政国家：20世紀に登場した、行政機能の役割が肥大化した国家。
- 行政機構の肥大化：19世紀から20世紀にかけて、資本主義の独占に伴い社会問題が増大。そのため福祉、雇用などの仕事が増え、行政が肥大化した。
- 行政権の優越：官僚は膨大な情報量と高い専門性を発揮して、大きな権限を持つようになった。そのため、法案や予算もほとんど官僚主導で作成することが多く、国会の役割は形だけのものになってきているという批判がある。

2. 行政の肥大化による問題点

- 天下り：許認可権や補助金を握ることで、退職した官僚が大企業の役員などに就職し、多額の退職金を得る仕組み。政治腐敗や汚職の原因にもなった。
- 縦割り行政：省庁間の調整が難しく、複数の省庁にまたがる問題を解決できない。

3. 行政改革

- 行政改革：行政の組織や制度を見直して、サービスの効率化、簡素化をはかる改革。日本では主に1980年代から取り組んでいる。
- 省庁再編：行政改革の目玉として、2001年から省庁の数が1府22省庁から1府12省庁に改変された。
- 地方分権：中央の省庁が持つ権限や財源を自治体に移すこと。日本では1990年代後半に、地方自治法などの改正に取り組んだ。
- オンブズマン制度：行政機関の活動を監視して、政府や議会に改善を訴える制度。自治体での導入が進んでいる。
- 情報公開制度：行政が集めた情報を市民が自由に引き出せる制度。日本でも実施され始めたが、公開されない情報も多く、不十分だという声が大きい。

- **小さな政府**：政府の仕事を国防、警察などの最小限にする考え方。それ以外の仕事は、民間などに任せる。逆に政府の役割を広げるのが「大きな政府」。

4日目　練習問題

問1 イギリスの政治機構についての説明として正しいものを、下の①〜④の中から一つ選びなさい。

① イギリスでは上院、下院ともに議員は選挙によって選ばれる。
② 野党が「影の内閣」を作り、次に政権を取る準備をしている。
③ 内閣は連帯して国王に責任を持ち、国王の不信任を受けたら総辞職する。
④ イギリス国王は「統治すれど君臨せず」という原則を守っている。

問2 アメリカとイギリスの政治制度の説明として<u>不適切なもの</u>を、下の①〜④の中から一つ選びなさい。

① アメリカの大統領制は、厳格な三権分立によって成り立っている。
② イギリスの議院内閣制では、議会と内閣が密接な関係を持っている。
③ アメリカの大統領制では、大統領は議会に対して法律案の提出権がない。
④ イギリスの議院内閣制は、政党内閣制の影響でうまく機能していない。

問3 各国の第二院についての説明として正しいものを、下の①〜④の中から一つ選びなさい。

① イギリスの上院は貴族などで構成され、民選の下院と対等な力を持っている。
② アメリカの上院は、各州から同じ人数の代表が選ばれている。
③ 日本の参議院は、内閣に対する不信任決議を行うことができる。
④ 戦前の日本では、貴族院が天皇制に反対する勢力として活躍した。

問4 次の文中の(a)～(d)に当てはまる語句の組み合わせとして正しいものを、下の①～④の中から一つ選びなさい。

アメリカの大統領選挙は(a)で、国民はまず大統領選挙人を選ぶ。大統領の任期は(b)で(c)は禁止されている。大統領に就任すると(d)となり、軍隊の指揮権を持つなど、強大な権力を握ることになる。

	a	b	c	d
①	間接選挙	4年	3選	国家元首
②	直接選挙	2年	3選	上院議長
③	直接選挙	6年	再選	国家元首
④	間接選挙	8年	再選	下院議長

問5 日本国憲法の三大原理として**不適切なもの**を、次の①～④の中から一つ選びなさい。

① 国民主権　② 基本的人権の尊重　③ 国政調査権　④ 平和主義

問6 次の図は、日本の国会と内閣の関係を表した図である。これを見て、下の問い(1)、(2)に答えなさい。

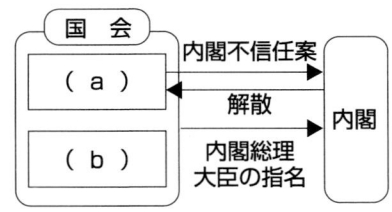

(1) 図の(a)、(d)に当てはまる語句の組み合わせとして正しいものを、下の①～④の中から一つ選びなさい。

	a	b
①	衆議院	貴族院
②	参議院	衆議院
③	貴族院	衆議院
④	衆議院	参議院

(2) 内閣総理大臣及び内閣についての説明として正しいものを、下の①〜④の中から一つ選びなさい。

① 内閣総理大臣は国会議員でなくてもよい。
② 内閣の過半数は国会議員でなくてはならない。
③ 内閣総理大臣の任期は4年で再選は禁じられている。
④ 不信任案が可決されないと、内閣総理大臣は(a)を解散できない。

問7　国会の権限の説明として**不適切なもの**を、下の①〜④の中から一つ選びなさい。

① 外国と条約を締結する。　② 予算を審議する。
③ 弾劾裁判所を設ける。　　④ 憲法改正を発議する。

問8　衆議院の優越に**不適切なもの**を、下の①〜④の中から一つ選びなさい。

① 予算先議権　　　　② 条約の承認
③ 法律案の可決　　　④ 憲法改正の発議

問9 次の表は、1996年7月に行われた第143国会での、内閣総理大臣の指名選挙の結果です。これを見て、下の問い(1)、(2)に答えなさい。

衆議院	
小渕恵三	268票
菅直人	164票
神崎武法	37票
土井たか子	14票
小沢辰男	9票
武村正義	2票
無効	3票

参議院	
菅直人	142票
小渕恵三	103票
無効	2票

(1) 衆議院と参議院ではそれぞれだれを内閣総理大臣に指名しましたか。組み合わせとして正しいものを、次の①～④の中から一つ選びなさい。

	衆議院	参議院
①	小渕恵三	投票は無効だった
②	菅直人	小渕恵三
③	小渕恵三	菅直人
④	投票は無効だった	小渕恵三

(2) この結果を受けて、内閣総理大臣はどのように決まりましたか。正しいものを、次の①～④の中から一つ選びなさい。

① 衆議院と参議院の得票の合計で、小渕恵三が内閣総理大臣に選ばれた。
② 衆議院の優越の原則により、小渕恵三が内閣総理大臣に選ばれた。
③ 衆議院と参議院の結果が異なったため、投票はすべてやりなおしとなった。
④ 参議院の結果が優先されて、菅直人が内閣総理大臣に選ばれた。

問10 次の文中の（a）〜（c）に当てはまる語句の組み合わせとして正しいものを、次の①〜④の中から一つ選びなさい。

最高裁判所の裁判官は（ a ）名で、（ b ）年に1度、国民審査の投票で信任を受ける。国民は、下級裁判所から上訴して（ c ）回まで審理を受けられる。

	a	b	c
①	10	5	2
②	15	10	3
③	20	5	3
④	14	10	5

問11 次の表は近年の日本の内閣総理大臣とその在任期間を年表にしたものです。これを見て下の問い(1)、(2)に答えなさい。

内閣総理大臣	在任期間
宮沢喜一	1991年11月〜1993年8月
細川護煕	1993年8月〜1994年4月
羽田孜	1994年4月〜1994年6月
村山富市	1994年6月〜1996年1月
橋本龍太郎	1996年1月〜1998年7月
小渕恵三	1998年7月〜2000年4月
森喜朗	2000年4月〜2001年4月
小泉純一郎	2001年4月〜

（2003年7月現在）

(1) この表の説明として正しいものを、次の①〜④の中から一つ選びなさい。

① 1991年から2001年の10年間で8人の内閣総理大臣が登場した。
② 在任期間は法律の定めで3年以内と決まっている。
③ 1994年は1年で4人の内閣総理大臣が登場した。
④ 小泉純一郎は21世紀になって3人目の内閣総理大臣である。

(2) 日本の内閣総理大臣の特徴の説明として、正しいものを次の①〜④の中から一つ選びなさい。

① 日本の内閣総理大臣は、国家元首としての地位を持っている。
② 日本の内閣総理大臣は、ほかの先進国に比べて任期が長い。
③ 日本の内閣総理大臣は、前任の総理大臣の指名で決まる。
④ 日本の内閣総理大臣は、女性がなったことがない。

問12 次の表は、自治体の直接請求権についてまとめたものである。（ a ）、（ b ）の空欄に当てはまる語句の組み合わせとして正しいものを、次の①〜④の中から一つ選びなさい。

種類	条例の制定・改廃請求	事務監査の請求	首長・議員の解職請求
必要な署名数	有権者の（a）分の1	有権者の50分の1	有権者の（b）分の1

	a	b
①	50	3
②	3	3
③	5	50
④	10	10

問13 次の表と文は、福岡県宮田町で行われた市町村合併をめぐる住民投票についてまとめたものです。これを見て、下の問い(1)、(2)に答えなさい。

宮田町では2つの住民投票が同時に行われました。1つは若宮町との2町合併の是非を問うもの。もう1つは、複数の選択肢から合併のパターンを選ぶものです。

A. 若宮町との2町合併		
区　分	得票数	得票率
賛　成	3,644	39 %
反　対	5,700	61 %
計	9,344	100 %

B. ほかのパターンも含めた合併		
区　分	得票数	得票率
1市4町による合併	3,544	37.75 %
合併しない単独町	2,865	30.52 %
若宮町との2町合併	2,979	31.73 %
計	9,388	100 %

（福岡県宮田町ホームページより作成）

(1) 宮田町の人々は若宮町との2町合併について、どのような判断をしましたか。正しいものを次の①～④の中から一つ選びなさい。

① 合併すべきではないという反対派が多かった。
② 合併すべきであるという賛成派が多かった。
③ 賛成派も反対派も同じ得票だった。
④ 合併すべきかどうかわからない。

(2) ほかのパターンを含めた投票では、宮田町ではどのような意見が多かったですか。正しいものを次の①～④の中から一つ選びなさい。

① 合併そのものをしない方がよいという意見が一番多かった。
② 1市4町で合併するより、若宮町と合併する方がよいという意見が多かった。
③ 合併に賛成する人の合計は全体の7割近くにのぼる。
④ 複数の選択肢を問う投票では、過半数を占める選択肢が2つあった。

問14 大日本帝国憲法の説明として正しいものを、次の①～④の中から一つ選びなさい。

① 天皇主権の政治体制だったが、統帥権は内閣に属していた。
② 国民は臣民とされ、権利の保障は日本国憲法より充実していた。
③ 大日本帝国憲法の起草には、イギリスの不文憲法が最も参照された。
④ 貴族院と衆議院の二院制で、選挙で議員が選ばれたのは衆議院のみだった。

問15 自由権に含まれるものを、次の①～④の中から一つ選びなさい。

① 表現の自由　② 労働基本権　③ 参政権　④ 法の下の平等

問16 社会権の説明として正しいものを、次の①～④の中から一つ選びなさい。

① 社会権は20世紀に広まった人権で、日本国憲法でも保障されている。
② 社会権は18世紀に広まった最も古い人権で、大日本帝国憲法にも盛り込まれた。
③ 社会権は法の下の平等など、人々が平等に生活することを目的としている。
④ 社会権は近年広まった新しい人権で、憲法にはまだ盛り込まれていない。

問17 「知る権利」と「プライバシーの権利」についての説明として、正しいものを次の①～④の中から一つ選びなさい。

① 知る権利は、基本的人権として日本国憲法に明記されている。
② 知る権利は、個人の情報に対しても情報の公開を求めるものである。
③ プライバシーの権利は、個人の情報を守るための新しい人権である。
④ プライバシーの権利は、マスメディアが国に対して求める権利である。

問18 次の文は日本国憲法の条文です。これを読んで、次の問い(1)、(2)に答えなさい。

「第二十六条　すべて国民は、法律の定めるところにより、その能力に応じて、1 ひとしく教育を受ける権利を有する。
　すべて国民は、法律の定めるところにより、その2 保護する子女に普通教育を受けさせる義務を負ふ。義務教育は、これを無償とする。」

(1) 下線部1の権利は、どのような権利に含まれますか。正しいものを、次の①～④の中から一つ選びなさい。

① 自由権　② 平等権　③ 参政権　④ 社会権

(2) 下線部2は国民の三大義務のうちの1つです。残りの2つの義務の組み合わせとして正しいものを、次の①～④の中から一つ選びなさい。

① 憲法を守る義務、納税の義務
② 納税の義務、勤労の義務
③ 投票の義務、納税の義務
④ 投票の義務、勤労の義務

問19 次の図は、2001年に行われた省庁再編の様子をまとめたものである。これを見て、下の問い(1)、(2)に答えなさい。

今までの省庁	新しい省庁	今までの省庁	新しい省庁
総理府本府	内閣府	科学技術庁	文部科学省
経済企画庁		文部省	
沖縄開発庁		厚生省	厚生労働省
金融再生委員会		労働省	
国家公安委員会	国家公安委員会	農林水産省	農林水産省
防衛庁	防衛庁	通商産業省	経済産業省
総務庁	総務省	北海道開発庁	国土交通省
郵政省		国土庁	
自治省		建設省	
法務省	法務省	運輸省	
外務省	外務省	環境庁	環境省
大蔵省	財務省		

(1) この図の説明として正しいものを、次の①〜④の中から一つ選びなさい。

① 最大で4つの省庁が1つの省にまとめられた。
② 環境庁が環境省に、防衛庁は防衛省にそれぞれ格上げされた。
③ ほかの省庁と合併せず、名称も変わらなかった省は1つもない。
④ 文部科学省は文部省と科学技術庁に分割された。

(2) 行政改革の説明として正しいものを、次の①〜④の中から一つ選びなさい。

① 省庁再編によって役所の職員数や仕事量は半分に減った。
② 郵政省の事業は2003年4月にすべて民営化された。
③ 情報公開制度は、情報の開示が不十分だとの批判がある。
④ 行政改革によって、日本は行政国家とは言えなくなった。

☆過去問にチャレンジ！

問　「大きな政府」と「小さな政府」の説明として正しいものを、次の①〜④の中から一つ選びなさい。

① 「大きな政府」はGDPが大きい国の政府を指すのに対して、「小さな政府」はGDPの小さな国の政府を指す。
② 「大きな政府」は社会保障政策などを通じて国民生活全般に介入する政府を指し、「小さな政府」は役割を国防、外交など最小限に限定した政府を指す。
③ 「大きな政府」は中央政府を指すのに対して、「小さな政府」は市町村などの地方公共団体を指す。
④ 「大きな政府」は市場経済体制をとる国の政府を指すのに対して、「小さな政府」は計画経済体制をとる国の政府を指す。

（2002年度　第2回）

≪ 解　説 ≫

①・③・④　国の規模や中央、地方の政府の区別、経済体制の違いは、ここでは関係ない。
②　政府の活動の領域が広いものが「大きな政府」で、狭く限定したのが「小さな政府」である。小さな政府は、政府が最小限必要とする国防や外交、警察などの役割を果たすので**「夜警国家」**とも言う。

答　②

問　今日、議会制民主主義では法律をつくるとき、議会への法案の提出者が政府である政府立法と、議員である議員立法がある。次の①〜④の中から正しいものを一つ選びなさい。

① 議院内閣制を採用する国では、可決される数において議員立法の方が多い。
② 政府立法において実際に法案を起草するのは、与党議員である。
③ 議員立法の数を増やすためには、立法スタッフを充実する必要がある。
④ 行政府の官僚は、議員立法に一切関与しない。

（2002年度　第2回）

≪ 解　説 ≫

　議院内閣制の国では行政と立法が密接な関係にあること、近年は行政が立法の領域まで力を伸ばしていることを思い出す。①可決される法案は政府立法が多く、それらは②官僚が起草することが大半で、④官僚は立法に大きく関与している実態がある。議会が復権するには、官僚に負けない③立法スタッフを拡充して、議員立法を活性化する必要がある。

答　③

5日目　現代の国際社会1

LESSON ①　集団安全保障

1. 勢力均衡（～1910年代）

- 安全保障：外部からの侵略に対して、自国の安全を保障すること。
- 勢力均衡：バランス・オブ・パワーの訳語。敵対する国家同士の力を対等に保つことで、お互い相手を攻撃できない状態を作り出すこと。軍備拡張競争が起こりやすい。

2. 国際連盟と集団安全保障（1920～30年代）

- 第1次世界大戦：勢力均衡は軍拡競争と対立の激化を生み出し、ヨーロッパを戦場とする第1次世界大戦が起こり、31ヵ国が参戦する大戦争となった。（→p.160）
- 国際連盟：第1次世界大戦後の国際平和維持のために作られた国際機構。
- 集団安全保障：対立する国同士の侵略を禁止し、違反国には制裁を加えるシステム。国際連盟、国際連合の原理。

3. 国際連合と地域的集団安全保障機構（1940～50年代）

- 第2次世界大戦：日本、ドイツ、イタリアの枢軸国とアメリカ、イギリス、中国、ソ連などの連合国が戦った。（→p.165）
- 国際連合（国連）：戦後の安全保障体制確立を目的に設立。安全保障理事会が置かれた。
- 冷戦：第2次世界大戦後の、アメリカを中心とする資本主義国（西側）と、ソ連を中心とする社会主義国（東側）の対立。（→p.172）
  - →「平和のための結集」決議：冷戦で安全保障理事会が麻痺したため、国連は、総会で安全保障に関して勧告をするという決議を行った。
  - →地域的集団安全保障：冷戦の対立が激化すると、アメリカと

アメリカ・西欧	ソ連・東欧
北大西洋条約機構 （NATO）	VS ワルシャワ条約機構 （WTO）

77

ソ連はそれぞれの同盟国と安全保障体制を組織した。機構同士が対立しあった。
→ **集団的自衛権**：同盟国が攻撃されると、自国への攻撃とみなして相手の攻撃を阻止するシステム。地域的集団安全機構の根拠となる。

● **国際連盟と国際連合の違い**

	国際連盟	国際連合
設立年	1920年	1945年
きっかけ	ウィルソンの平和原則14ヵ条	連合国の大西洋憲章
加盟国	原加盟国42ヵ国	原加盟国51ヵ国　常任理事国5ヵ国
表決	全会一致	総会は多数決　安全保障理事会は常任理事国の一致
弱点	・米ソが不参加（ソ連はのちに参加） ・制裁の手段が少ない ・全会一致制のため、一国でも反対があると決議ができない	・冷戦時は常任理事国が両陣営に分裂した ・大国の利益に振り回される危険がある

4. デタントと冷戦終結（1960～80年代）

- **キューバ危機**：ソ連がキューバに設置したミサイル基地をめぐる米ソ対立。
- **デタント（緊張緩和）**：1970年代になると冷戦の緊張が緩み、米ソで核戦争防止協定が結ばれた。
- **多極化**：東西両陣営内で利益の対立が生じた。フランスの独自防衛や中国とソ連の対立など。
- **全欧安全保障協力会議**：アルバニアを除く全ヨーロッパ諸国と、アメリカ、カナダが開いた安全保障の国際会議。35ヵ国が参加。
- **冷戦の終結**：1989年に東西ドイツ統一。マルタ会談で米ソの首脳が冷戦終結を宣言。

1914	第1次世界大戦（～1918）
1918	ウィルソンの平和原則14ヵ条
1920	国際連盟が成立
1939	第2次世界大戦（～1945）
1941	大西洋憲章
1945	国際連合が成立　冷戦対立始まる
1949	NATO結成（現在も存続）
1950	「平和のための結集」決議
1955	WTO結成（1991解体）
	（東西両陣営内が多極化へ）
1962	キューバ危機
	（東西対立がデタントへ向かう）
1972	米ソで核戦争防止協定（・1973）
1975	全欧安全保障協力会議
1989	東西ドイツ統一　マルタ会談　冷戦終結
1991	湾岸戦争

5. 平和維持活動と多国籍軍（1990年代～）

- **多国籍軍**：湾岸戦争（→p.176）でのアメリカ軍やNATO軍の呼び名。国連は、クウェートに侵攻したイラク軍への武力攻撃を容認した。
- **国連平和維持活動（PKO）**：紛争地の治安維持や監視を行う国連の活動。日本では1992年に国連平和維持活動協力法が成立したのを受け、自衛隊が初めて海外へ派遣され、カンボジアで活動を行った。
- **国連平和維持軍（PKF）**：国連が指揮する武装部隊。
- **国連軍**：国連による武力制裁を行うための軍隊。正式な国連の常備軍は設けられていないが、必要時には、加盟国の軍隊による武力行使なども認められている。

6. 核兵器と軍縮

- **核兵器**：冷戦時代、米ソは核による勢力均衡を図った。その後、イギリス・フランス・中国も核を保有。アメリカ、ロシア（旧ソ連）では削減中だが、1998年にはインドとパキスタンが核実験を行い、イスラエル、北朝鮮なども核保有の疑惑が高いとされている。

●核軍縮に向けた条約

	部分的核実験停止条約	核拡散防止条約	包括的核実験禁止条約
採択・締結年	1963年	1968年	1996年（未発効）
参加した国	アメリカ・イギリス・ソ連	国連総会で採択	批准国がそろっていない
内容	大気圏内などでの核実験を停止する条約。地下核実験は禁止されていない。	核保有国を増やさないための条約。非核保有国は、加盟時に国際原子力機関よる査察を受ける。	すべての核実験を禁止する条約。アメリカや中国は批准せず、インドや北朝鮮なども署名せず、発効までには、まだ時間がかかる。

LESSON ② 地球環境問題

1. 頻発する環境問題

地球温暖化	オゾン層の破壊	砂漠化
石油などの消費で発生した二酸化炭素が、温室効果をもたらし、気温が上昇すること。それによって極地の氷が溶け海面が上昇し、多くの地域が水没する危険がある。	紫外線を防ぐオゾン層が破壊されると、皮膚がんなどの被害が広まる危険性がある。オゾン層の破壊は、スプレーなどのフロンガスが原因とされている。	人間の開発によって、乾燥地帯が砂漠になってしまう現象。アフリカ、中東、中央アジアなどの砂漠化が問題となっている。
酸性雨	放射能汚染	熱帯雨林の破壊
自動車や工場の排気ガスに含まれる窒素酸化物などが大気中で化学変化を起こして、酸性の強い雨を降らせる。作物が枯れたり、銅像が溶けたりする。	原子力発電所の事故などで、放射能が漏れて周辺を汚染する。旧ソ連のチェルノブイリ原発事故（1986年）では、ヨーロッパが汚染された。日本でも放射能漏れの事故が心配されている。	熱帯雨林は世界の森林面積の約50％を占めるが、焼畑農業や木材の伐採によって、急激に減っている。酸素量の減少や、生物の絶滅が心配されている。

2. 環境問題への国際的な取り組み

- 国連環境開発会議：1992年にリオデジャネイロで開かれた国際会議。環境保護に関するさまざまな取り決めがされた。「持続可能な開発」がスローガンとされた。
  - →持続可能な開発：将来の世代のために、開発と環境保全を両立させる考え方。資源や環境を犠牲にしてきた先進国が歩んできた発展とは違う道となる。
- 京都議定書：1997年に行われた地球温暖化防止京都会議で採択された。先進国の間で温室効果ガスを削減することが決められたが、アメリカは離脱している。

LESSON ③ 国連と国際機構

1. 国連の概要と組織

- **国際連合憲章**：国連憲章とも言う。国際連合の組織や基本原理を定めた条約。1945年、アメリカのサンフランシスコで、50ヵ国が参加して結ばれた。国際社会の平和及び安全を維持することなどを国際連合の目的としている。

設立年	1945年
本部	ニューヨーク（アメリカ）
ヨーロッパ本部	ジュネーブ（スイス）
加盟国	191ヵ国（2003年5月現在）
公用語	英語・スペイン語・フランス語 ロシア語・アラビア語・中国語

- **日本の加盟**：西側陣営だった日本の加盟には、ソ連が拒否権を発動していた。しかし、1956年、日ソ共同宣言の締結によってソ連の同意を得て、日本は80番目の加盟国となり、国際社会への復帰を果たした。現在では安全保障理事会の非常任理事国を務めた経験もあり、リーダーシップを求められている。

● **国連の主要機関**

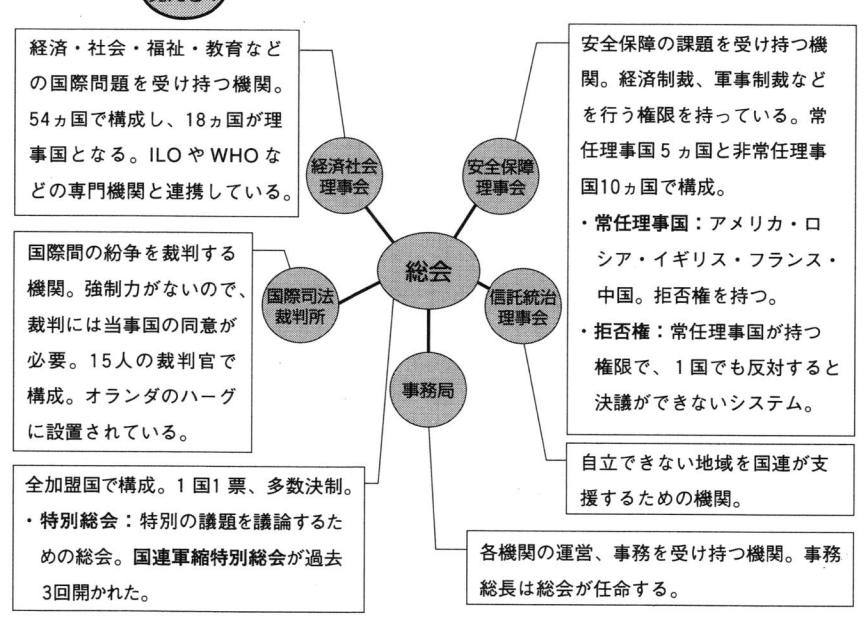

2. 国連の諸機関

- 専門機関：国連と対等の独立した機関で、それぞれ個別の課題に取り組んでいる。専門機関以外にも、個別課題にあたる国連機関が多数存在している。

●主な専門機関および国連機関

UNESCO（ユネスコ）	ILO	WHO	IMF
国連教育科学文化機関	国際労働機関	世界保健機関	国際通貨基金
教育や科学などの分野で国際協力を行う機関。	労働者の権利や利益を守るための機関。	世界の人々の健康を増進するための機関。	国際収支の赤字国に短期融資などを行う機関。
IAEA	UNICEF（ユニセフ）	UNHCR	UNU
国際原子力機関	国連児童基金	国連難民高等弁務官事務所	国連大学
原子力の平和利用に関する研究、開発を行う機関。	発展途上国の子どもたちを援助するための機関。	増え続ける難民を保護する機関。	世界の研究機関と連携をとる機関。本部は東京。

3. 国連と人権問題

人権問題への取り組みには、国連が主導的な役割を果たすことが多い。国連では、さまざまな人権問題の解決に向けて、条約などの国際的な取り決めが行われている。
→世界人権宣言（1948年）、人種差別撤廃条約（1965年）、国際人権規約（1966年）
女性差別撤廃条約（1979年）、子どもの権利条約（1989年）

5日目　練習問題

問1 第1次世界大戦前の国際関係についての説明として正しいものを、次の①〜④の中から一つ選びなさい。

① 国際連合が発足し、紛争国には軍事的制裁を含めたあらゆる制裁が行われた。
② 平和原則14ヵ条が発表され、国際平和への関心が高まった。
③ 複数の国家が同盟を結んで、勢力均衡を図る動きが見られた。
④ 国際連盟を発足させたが、アメリカやソ連は参加をしなかった。

問2 集団安全保障についての説明として正しいものを、次の①〜④の中から一つ選びなさい。

① 対立する国同士が、お互いの侵略や攻撃を禁止するシステム。
② 対立する国同士が、超大国の支配に反発して結束をはかるシステム。
③ 対立する国同士に、国際法にのっとって戦争することを守らせるシステム。
④ 対立する国同士を、国際社会で孤立させるためのシステム。

問3 次の文章を見て、下の問い(1)、(2)に答えなさい。

　1914年、主にヨーロッパを舞台に（　a　）がぼっ発し、31ヵ国が参戦する大戦争となった。このような戦争が絶えない国際社会に対して、アメリカ大統領ウィルソンは1918年、（　b　）を提唱して、戦後の国際社会のあり方を世界に示した。その考えをもとに、1920年に（　c　）が成立。世界平和への国際的な取り組みが本格化した。

(1) (a)〜(c)に当てはまる語句の組み合わせとして正しいものを、次の①〜④の中から一つ選びなさい。

	a	b	c
①	第1次世界大戦	国連憲章	国際連盟
②	第2次世界大戦	平和原則14ヵ条	国際連合
③	第1次世界大戦	平和原則14ヵ条	国際連盟
④	第2次世界大戦	国連憲章	国際連合

(2) (c)に参加しなかった国として正しいものを、次の①〜④の中から一つ選びなさい。

① イギリス　② アメリカ　③ フランス　④ 日本

問4 国際連盟の特徴についての説明として**不適切なもの**を、次の①～④の中から一つ選びなさい。

① 総会は全会一致制だったため、利害が対立する国があると議決ができなかった。
② 植民地をめぐる対立が激しかったため、大国間の合意が生まれにくかった。
③ 最初の加盟国は40ヵ国を超えたが、ソ連は最後まで参加しなかった。
④ 制裁の手段が少なかったため、日本やドイツの暴走を防げなかった。

問5 下の図は、冷戦で対立する2つの軍事同盟をまとめたものである。これを見て、下の問い(1)～(3)に答えなさい。

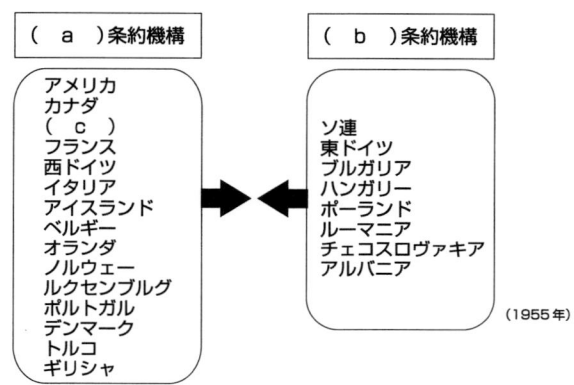

(1) 空欄（a）～（c）に当てはまる語句の組み合わせとして正しいものを、次の①～④の中から一つ選びなさい。

	a	b	c
①	北大西洋	ワルシャワ	日本
②	ワルシャワ	北大西洋	日本
③	ワルシャワ	北大西洋	イギリス
④	北大西洋	ワルシャワ	イギリス

(2) （a）、（b）の軍事同盟の説明として正しいものを、次の①～④の中から一つ選びなさい。

① （a）は、（b）の成立に対抗するためにできたものである。
② （a）の加盟国は、冷戦が終わると次々と（b）に加盟した。
③ 1991年に（b）が解体したことで、冷戦の軍事的対立は終わりを告げた。
④ （a）は、同盟内の国家に対して武力介入を行った。

(3) （ a ）、（ b ）のように、複数の国が同盟を結ぶことで平和を維持する仕組みを何と言うか。正しいものを、次の①～④の中から一つ選びなさい。

① 平和のための結集　　② 地域的集団安全保障
③ デタント　　　　　　④ 個別的自衛権

問6 国連平和維持活動についての説明として正しいものを、次の①～④の中から一つ選びなさい。

① 停戦監視のほか、選挙実施や難民救済など、紛争地での紛争解決や防止に関するあらゆる活動を行う。
② 国連平和維持活動は、国連平和維持軍の活動と明確に区別されており、それぞれが国連独自の部隊を持って活動を行う。
③ 日本では国連に加盟したときに平和維持活動に貢献するための法律が成立し、自衛隊を積極的に海外へ派遣して、大きな実績をあげている。
④ 湾岸戦争でイラク軍と戦闘を行った多国籍軍の派遣も、国連平和維持活動の一環として、安全保障理事会で決められたものである。

問7 次の表は国連平和維持活動に派遣されている人員を国別にまとめたものである。これを見て、下の問い(1)、(2)に答えなさい。

1	パキスタン	4290人	11	ネパール	916人
2	バングラデシュ	4229人	12	ザンビア	902人
3	ナイジェリア	3279人	13	ギニア	794人
4	インド	2750人	14	ポーランド	742人
5	ガーナ	2160人	15	日本	735人
6	ケニア	1775人	16	ポルトガル	712人
7	ウルグアイ	1660人	17	モロッコ	658人
8	ヨルダン	1622人	18	アルゼンチン	628人
9	ウクライナ	1146人	19	スロバキア	610人
10	オーストラリア	929人	19	米国	610人

（2003年1月31日現在　外務省ホームページのデータをもとに作成）

(1) この表について述べたものとして正しいものを、次の①～④の中から一つ選びなさい。

① 人員を派遣している国の上位には、主にヨーロッパの国が目立つ。
② パキスタンとバングラデシュが全活動の半分以上の人員を派遣している。
③ 国連の安全保障理事会の常任理事国が積極的に人員を派遣している。
④ 上位20ヵ国で、国連の安全保障理事会の常任理事国はアメリカのみである。

(2) 日本で、国連平和維持活動での自衛隊の海外派遣を認めた法律を一般的に何と言うか。正しいものを、次の①～④の中から一つ選びなさい。

① 国連平和維持法　② 国際平和協力法
③ 停戦監視協力法　④ 国連平和協力法

問8　次の年表は、「核の時計」の時刻と世界のできごとを示すものである。「核の時計」とは、アメリカの科学者たちが、核戦争による世界の終末を午前0時に見立てて、その瞬間がどこまで迫っているのかを示したものである。これを見て、下の問い(1)～(3)に答えなさい。

1947年	0時7分前	「核の時計」が登場する
1953年	0時2分前	アメリカとソ連が水爆の実験を行う
1963年	0時12分前	アメリカ、イギリス、ソ連が（　a　）に調印
1968年	0時7分前	フランスと中国が核兵器を保有
1972年	0時12分前	アメリカとソ連が戦略兵器制限の交渉を始める
1984年	0時3分前	アメリカとソ連の軍拡が激化
1991年	0時17分前	（　　　　b　　　　）
2002年	0時7分前	テロ組織への核流出の不安、アメリカが軍縮に消極的な姿勢

(1) 空欄(a)に当てはまる語句として正しいものを、次の①～④の中から一つ選びなさい。

① 核拡散防止条約　② 包括的核実験禁止条約
③ 中距離核戦力全廃条約　④ 部分的核実験停止条約

(2) 1991年には「核の時計」の針が17分前まで戻された。空欄(b)に当てはまる当時の国際社会の説明として正しいものを、次の①〜④の中から一つ選びなさい。

① 前年までに東欧の民主化や冷戦の崩壊があり、この年、アメリカとソ連の間に戦略兵器を削減する条約が成立した。
② 核保有の疑惑があったインドとパキスタンが核実験を行い、核保有国の中国やフランスも核実験を続け、国際社会から大きな批判を浴びた。
③ 国際原子力機関が設置され、加盟国への査察が実施されたため、核物質の管理や原子力の平和利用に前進が見られた。
④ ヨーロッパを中心に反核運動が高まったが、世界のほかの地域では盛り上がらず、被爆国の日本でも反核運動は目立たなかった。

(3) 「核の時計」の針の進み方についての説明として正しいものを、次の①〜④の中から一つ選びなさい。

① 「核の時計」の針は毎年戻され、核戦争の危険は確実に遠のいている。
② 2002年時点の核戦争の危機は、「核の時計」が登場した当時と同レベルである。
③ 1990年代には「核の時計」の針が0時に最も近付いた。
④ 過去の「核の時計」の針の動きは、アメリカやソ連の対立と関係がなかった。

問9 次のグラフは、世界の二酸化炭素の排出量の変化を示すものである。これを見て、下の問い(1)、(2)に答えなさい。

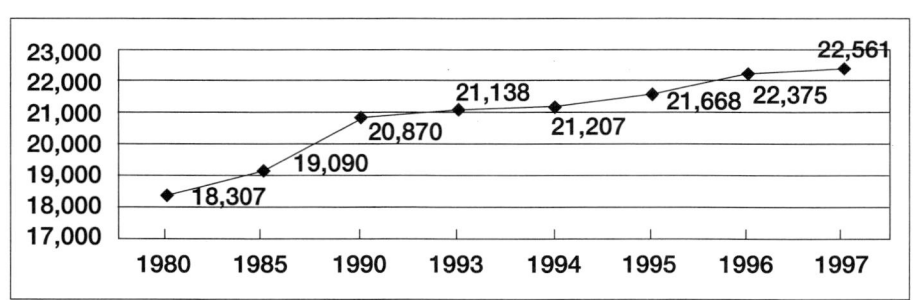

単位：100万t（総務省統計局・統計研修所 編『世界の統計2003』より作成）

(1) このグラフから、環境についてどのような問題が起こっていると考えられるか。正しいものを、次の①〜④の中から一つ選びなさい。

① 地球全体の降雨量が減少して、乾燥地帯が砂漠化している。
② 酸性雨が降って、農作地帯の土壌が汚染されている。
③ 温室効果が起こって、地球全体の気温が上昇している。

④ オゾン層が破壊され、人体に悪影響を与える紫外線が増加している。

(2) この問題に取り組むために開かれた会議についての説明として正しいものを、次の①～④の中から一つ選びなさい。

① 地球温暖化防止京都会議が日本で開かれ、温室効果ガスの削減を定めた京都議定書が採択された。
② 地球温暖化防止京都会議が日本で開かれたが、ロシアが京都議定書から離脱を表明して失敗に終わった。
③ リオデジャネイロで国際環境会議が開かれ、発展途上国の森林開発が厳しく制限され、先進国の開発は禁止された。
④ リオデジャネイロで国際環境会議が開かれ、京都議定書の改正が主なテーマとして話し合われた。

問10　環境破壊の現象と引き起こされる問題の組み合わせとして正しいものを、次の①～④の中から一つ選びなさい。

①	砂漠化	海面が上昇して多くの地域が水没する危険がある
②	オゾン層の破壊	原発事故などで広い範囲が汚染される可能性が高い
③	放射能汚染	紫外線の量が増えて皮膚がんの危険性が高まる
④	熱帯雨林の破壊	酸素量の減少や貴重な生物の絶滅が心配される

問11　国際連合の常任理事国として**不適切なもの**を、次の①～④の中から一つ選びなさい。

① ロシア　② ドイツ　③ フランス　④ イギリス

問12　次の文章は、国際連合憲章の一部である。これを読んで、下の問い(1)、(2)に答えなさい。

第1条　国際連合の目的は、次のとおりである。
1. 国際の平和及び安全を維持すること。そのために、(中略) 有効な集団的措置をとること並びに (中略) 国際的の紛争又は事態の調整または解決を平和的手段によって且つ正義及び国際法の原則に従って実現すること。
2. 人民の同権及び自決の原則の尊重に基礎をおく諸国間の友好関係を発展させること並びに世界平和を強化するために他の適当な措置をとること。
3. 経済的、社会的、文化的または人道的性質を有する国際問題を解決することについ

て、並びに（中略）<u>1 すべての者のために人権及び基本的自由を尊重するように</u>（中略）国際協力を達成すること（以下省略）。

(1) この文章を説明したものとして正しいものを、次の①～④の中から一つ選びなさい。

① 国際社会の平和と安全は、集団による軍事的手段でのみ解決することが定められている。
② 世界平和はそれぞれの国や人民が自分で決めることであって、国際連合は関与しないことが定められている。
③ 経済的、社会的、文化的または人道的性質をもつ問題は、国際連合以外の機関が解決にあたると定められている。
④ 国際的な紛争の解決には、平和的手段を用いることのほかに、国際法の原則に従うことが定められている。

(2) 下線部1の理念を実現するために定められたものとして**不適切なもの**を、次の①～④の中から一つ選びなさい。

① 国際人権規約　　② 世界人権宣言
③ 人種差別撤廃条約　　④ 京都議定書

問13　国際連合の総会の説明として正しいものを、次の①～④の中から一つ選びなさい。

① 安全保障理事会の常任理事国には、総会の採決に拒否権が認められている。
② 総会の採決は、一国一票による多数決で決められる。
③ 総会では特別総会が年に1回必ず開催される。
④ 総会には、紛争を解決するために経済的制裁などの権限が認められている。

問14　次の1～3の文章は国際連合のどの機関を説明したものか。説明の組み合わせとして正しいものを、次の①～④の中から一つ選びなさい。

1. 国際的な紛争を解決するための裁判を行う機関。オランダのハーグに設置されており、15人の裁判官で構成される。
2. 住民が自立できない地域の独立などを支援する機関。現在では多くの地域が独立を果たし、その役割を終えつつある。
3. 多くの専門機関と連携をしながら、経済、社会、福祉、教育などの問題を扱う機関。総会で選ばれた54カ国で構成される。

	1.	2.	3.
①	信託統治理事会	経済社会理事会	国際司法裁判所
②	経済社会理事会	信託統治理事会	国際司法裁判所
③	国際司法裁判所	信託統治理事会	経済社会理事会
④	経済社会理事会	国際司法裁判所	信託統治理事会

問15 国連教育科学文化機関の説明として正しいものを、次の①～④の中から一つ選びなさい。

① 発展途上国の子どもたちに医薬品などを援助する機関。
② 教育や科学などの国際協力を通じて、世界平和を実現させる機関。
③ 労働問題の改善などに国際的に取り組む機関。
④ 紛争などの被害にあった難民の保護を行う機関。

問16 18歳以下の者の権利について、1989年に国際連合の総会で採択された条約を何と言うか。正しいものを、次の①～④の中から一つ選びなさい。

① 児童の権利宣言　　② 子どもの権利条約
③ 女性差別撤廃条約　④ 国際人権規約

☆過去問にチャレンジ！

問　国際連合についての説明として正しいものを、次の①～④の中から一つ選びなさい。

① 安全保障理事会の常任理事国は、4か国である。
② 安全保障理事会の常任理事国は、拒否権をもっている。
③ 総会での決定は、全会一致が原則とされている。
④ 国連軍の派遣には、総会の同意が必要である。

(2002年度　第2回)

≪ 解　説 ≫

① 安全保障理事会の常任理事国は、第2次世界大戦で連合国側にいた主要国であるアメリカ、ロシア（旧ソ連）、イギリス、フランス、中国の5か国である。
② 安全保障理事会の常任理事国はそれぞれ拒否権を持っていて、5か国の中で1国でも反対すると議決できない。常任理事国の足並みをそろえることが目的で、これを**大国一致の原則**という。常任理事国同士が対立すると、拒否権が乱用されやすい。
③ 総会での決定は多数決制。かつての国際連盟では、総会でも全会一致の原則をとっていた。そのため、紛争があっても当事国の反対があれば制裁などの議決ができなかった。国際連合の多数決制は、この弱点を克服するものである。
④ 国連軍の派遣は、安全保障理事会の承認があればよい。総会は勧告などの権限しかなく、外交的、経済的、軍事的制裁の権限を持つのは安全保障理事会である。

答　②

問　国際通貨基金（IMF）の主な役割として最も適切なものを、次の①～④の中から一つ選びなさい。

① 通貨の切り下げ競争を奨励する。
② 国際収支の赤字が続いて外貨が不足した国に短期の融資をおこなう。
③ 外国為替市場に介入して、各国の通貨売買をおこなう。
④ 各国間の貿易のルールをつくる。

(2002年度　第2回)

≪ 解　説 ≫

一見難しそうだが、国際通貨基金の基本的な役割を覚えておけば②を選べる。ほかの

選択肢はそれぞれ次のようなことを理解しておく。
　①　国際通貨基金は、もともと通貨の切り下げ競争を防ぐために設立された。
　③　日本銀行（日銀）など、各国の中央銀行が自国の通貨価値を操作するために行う。
　④　世界貿易機関（WTO）の仕事である。

答　②

6日目　現代の国際社会2

LESSON ①　南北問題

1. 南北の格差

●国民1人当たりの国内総生産

（単位：米ドル　2000年度）

先進国	アメリカ	35,692
	日本	37,549
アジアNIES	シンガポール	22,456
	韓国	9,763
発展途上国	タンザニア	257
	インド	464

（総務省統計局・統計研修所 編
『世界の統計 2003』より）

- **南北問題**：北半球に多い先進国と南半球に多い発展途上国の間で拡大する経済格差から生じる問題を指す。
  - →**先進国**：経済が発展して工業が盛んな国。先進工業国、先進資本主義国とも言う。
  - →**発展途上国**：経済発展が十分に進んでいない国を指す。先進国に相対する言葉。
  - →**後発発展途上国**：発展途上国で特に経済発展が遅れている国を指す。

2. 発展途上国の経済　

- **累積債務**：先進国への対外債務が大きくなりすぎて元金と利子の支払いが困難となった状態を指す。
- **モノカルチャー**：一国の経済が一つの産品に大きく依存している状態を指す。
  - →**一次産品**：農産物や鉱産物など、自然から直接得た生産物のこと。
- **資源ナショナリズム**：自国で産出された資源を保有することで、利益を確保する動き。
  - →**石油輸出国機構（OPEC）**：1960年、中東を中心とした石油輸出国の間で結成された組織。原油価格の引き上げなどを行った。
- **南々問題**：発展途上国同士の、経済が発展した地域と発展困難な地域との対立問題。
  - →**新興工業経済地域（NIES）**：急速な工業化と経済成長を遂げた発展途上国及び地域を指す。韓国、台湾、シンガポール、中国返還前の香港は、アジアNIESとしてそれぞれ飛躍的な経済発展を遂げた。

LESSON ② 開発援助

1. 国際社会の取り組み

- **経済協力開発機構（OECD）**：先進国の経済協力に関する組織。加盟国の経済発展のほか、途上国に対する援助の調整も行う。アメリカ、カナダ、オーストラリア、日本、西欧諸国などを中心に、2003年5月現在で30ヵ国が加盟している。
- **●近年のOECD加盟国** メキシコ（1994年）/チェコ（1995年）/ハンガリー・ポーランド・韓国（1996年）/スロヴァキア（2000年）
  - →**開発援助委員会（DAC）**：OECDの下部組織で、発展途上国の援助を担当する。
- **新国際経済秩序（NIEO）**：先進国優位を改めた、発展途上国を含む新しい国際経済のあり方。
  - →**新国際経済秩序樹立に関する宣言**：発展途上国の提案により1974年、国連で採択された宣言。天然資源の保有国管理、多国籍企業の規制、一次産品の価格安定などを主張した。
- **国連貿易開発会議（UNCTAD）**：南北問題を解決するために置かれた国連の機関。発展途上国と先進国の間の貿易、開発、援助などに関する問題に取り組む。
  - →**特恵関税**：先進国が発展途上国から輸入する場合、関税をなくすか低くする制度。

2. 政府開発援助

- **政府開発援助（ODA）**：先進国の政府が発展途上国に対して行う経済援助。

  ●ODAの条件
  ① 政府やその実施機関によって供与されるものであること
  ② 発展途上国の経済開発や福祉の向上に寄与すること
  ③ 資金の供与条件が発展途上国の重い負担になっていないこと

  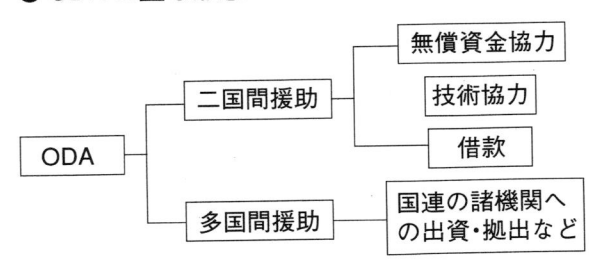

● 先進国のODA援助額 2002年（暫定値）

1) 総額での順位

	国名	総額	割合
1	アメリカ	12,900	22.60 %
2	日本	9,220	16.20 %
3	ドイツ	5,359	9.40 %
4	フランス	5,182	9.10 %
5	イギリス	4,749	8.30 %

2) 国民総所得に対する比率での順位

	国名	比率	総額
1	デンマーク	0.96 %	1,632
2	ノルウェー	0.89 %	1,714
3	オランダ	0.82 %	3,377
4	ルクセンブルグ	0.78 %	143
5	スウェーデン	0.74 %	1,754

支出純額　総額の単位は1) 2) とも100万米ドル　（外務省のホームページより作成）

・日本のODAの特徴
　→アジアに対する援助が多い。
　→1989年に総額で世界最大の援助国になった。
　→借款が多く無償援助が少ない。
　→民間援助団体の支援が少ない。
　→発展途上国の人々の生活向上に役立っていないという批判がある。
　→ODA大綱：日本のODAの基本理念。人道的考慮、相互依存性の認識、環境の保全、自助努力への支援の4つの原則がある。
　→借款：国と国との間で低金利による長期の貸付を行うことを借款と言う。日本の場合は円で借款を行うので円借款と呼び、特にアジアへの二国間援助で高い割合を示している。

●日本の二国間援助の地域別割合（2001年）

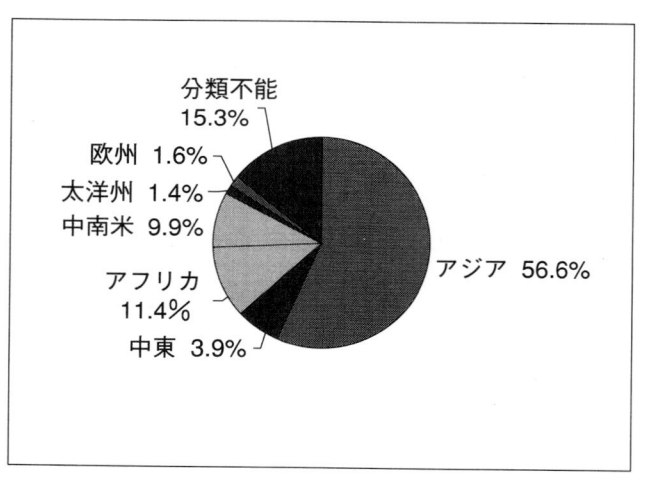

（外務省『ODA白書　2002年版』より）

LESSON ③　民族問題・紛争

1. 民族問題の概要

- **民族問題**：民族同士の対立が地域的な紛争に発展すること。一国内での対立や多国間での対立があり、それぞれの民族、地域の歴史、宗教を背景として長期化するものが多い。
  - →**民族自決**：ほかの民族や国家に干渉されることなく、ある民族が自分たちの意思でものごとを決める原則。第1次世界大戦後に広まり、植民地の独立を支える考え方となった。

2. 各地の民族問題

- **パレスチナ問題**：アラブ人とユダヤ人の対立が1948年のユダヤ人によるイスラエル建国で激化。イスラエルとアラブ諸国で4回の中東戦争が起こり、多くのパレスチナ難民が発生。
  - →**第1次中東戦争**（1948-49年）：イスラエル建国に対してアラブ諸国が軍事介入を行ったが、大敗した。パレスチナ戦争。
  - →**第2次中東戦争**（1956-57年）：スエズ運河を国有化したエジプトに、イスラエル、フランス、イギリスが侵攻した。スエズ戦争。
  - →**第3次中東戦争**（1967年）：イスラエルがアラブ諸国を圧倒して領土を拡大。六日戦争。
  - →**第4次中東戦争**（1973年）：エジプト、シリアがイスラエルと軍事衝突した。アラブ諸国は、原油価格の引き上げなどを行い、国際社会へ圧力をかけた。
  - →**パレスチナ解放機構（PLO）**：パレスチナのアラブ民族を代表する組織。国連にもオブザーバーとして参加している。イスラエル政府と対立を続ける。
  - →**パレスチナ暫定自治政府**：1993年にパレスチナ暫定自治協定が結ばれ、イスラエル占領地の一部がパレスチナ人の暫定自治政府に割譲された。現在も自治をめぐり交渉が続いている。

- **旧ユーゴスラヴィア紛争**：ユーゴスラヴィアからクロアチアとスロヴェニアが独立。クロアチア内のセルビア人がクロアチア政府と衝突して、内戦が始まった。

※セルビア＝モンテネグロのほか，スヴェロニア，クロアチア，ボスニア＝ヘルツェゴヴィナ，マケドニアが旧ユーゴスラヴィアを構成していた。

  →**ボスニア＝ヘルツェゴヴィナ紛争**：旧ユーゴスラヴィアの解体によって成立したボスニア＝ヘルツェゴヴィナ内での紛争。セルビア人とクロアチア人の民族対立が激化した上、さらにイスラム教勢力が加わり、三者間の激しい内戦となった。
  →**新ユーゴスラヴィア**：旧ユーゴスラヴィア解体後、東側に作られた国家。しかし、モンテネグロが独立を求めたため、2002年に**セルビア＝モンテネグロ**に再編された。
  →**コソヴォ問題**：新ユーゴスラヴィアでは、セルビア共和国内でコソヴォ州が独立を求めたが、ユーゴスラヴィア連邦軍が武力介入で弾圧を行った。この弾圧に対して、1999年にはNATO軍が介入して**ユーゴスラヴィア空爆**を実施。現在も混乱が続いている。
- **北アイルランド紛争**：イギリス領の北アイルランドでは、カトリック系住民が独立を求めてイギリス政府やプロテスタント系住民と衝突。アイルランド共和国軍（IRA）と呼ばれる過激派のテロ攻撃などが続いた。現在は自治をめぐり交渉が続いている。
- **チェチェン紛争**：ロシア連邦からの独立を宣言したチェチェン共和国に対して、ロシア軍が武力で弾圧を行った。停戦が合意されたが、戦闘が再開されている。
- **イラン・イラク戦争**：イラン革命の波及を恐れたイラクが、1980年、イランに侵攻して開戦。1988年に停戦したが、その間、石油価格の高騰など世界に影響を与えた。
  →**クルド難民**：自治を要求したクルド人に対して、イラク政府が弾圧を行い、周辺国へ逃れる難民が発生した。弾圧の際、イラクが化学兵器を使った疑惑がある。
- **ソマリア内戦**：アフリカ東部のソマリアでは部族対立などから内戦が起こった。国連

がPKO活動などを行ったが失敗して、現在も対立や混乱が続いている。
・東ティモール独立：インドネシアの東ティモールでは、独立をめぐる衝突が起こり、国連による暫定的な統治を受けたのち、2002年に独立を果たした。

LESSON ④　NPO・NGO

1. NPOとNGO

・NPO：民間非営利団体で、Non-Profit Organizationの略。利益を追求せずに、サービスなどを提供する組織。ボランティア活動や市民運動などを行う団体が多い。
　→NPO法：1998年に成立した、NPOの組織や活動に関する日本の法律。NPOへの法人化や、政府や自治体によるNPO活動の支援などについて定められている。
・NGO：非政府組織で、Non-Governmental Organizationの略。政府及び政府間による組織ではなく、民間によって作られた組織。国際機関なども多く存在する。

2. 国際的な組織と活動

・国連とNGO：国連に資格を認められたNGOは、経済社会理事会など、国連の各機関と協議や共同作業を行うことができる。日本からも、市民団体のほか、学会や宗教団体なども多く参加している。
　→アムネスティ=インターナショナル：1961年に結成されたNGO。人権問題に国際的に取り組み、思想や信条によって弾圧されている人々の救済や、死刑制度の廃止などを訴えて活動を行っている。1977年にノーベル平和賞を受賞。
　→国境なき医師団：紛争や災害のあった地域で医療活動を行うNGO。1971年に結成。本部はベルギーのブリュッセル。1999年にノーベル平和賞を受賞。
　→赤十字国際委員会：戦争や災害にあった人々への医療活動を行う。1864年に結成。

6日目 練習問題

問1 次のグラフは、アジアの3つの国における、国民1人あたりの国内総生産の推移を示すものである。それぞれの国名の組み合わせとして正しいものを、次の①〜④の中から一つ選びなさい。

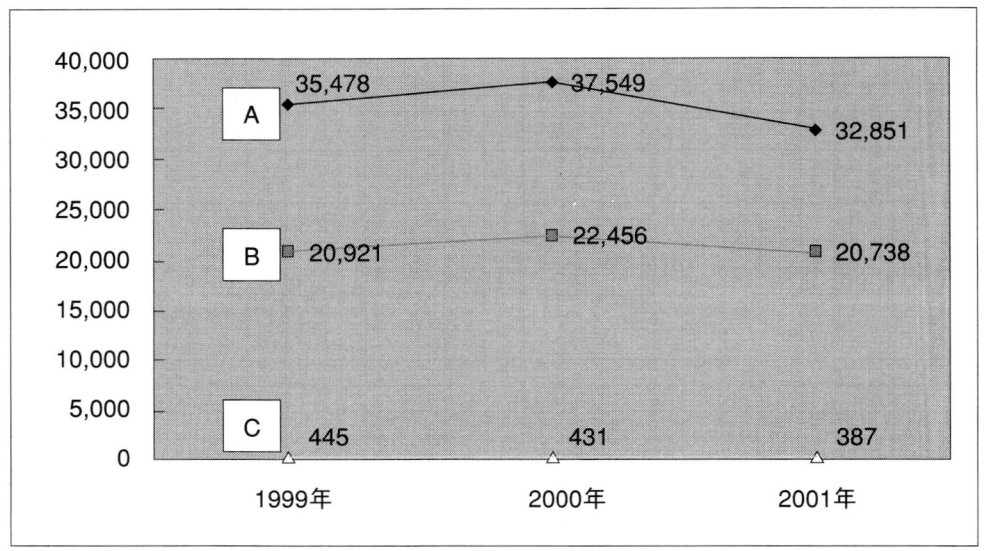

単位：米ドル　（総務省統計局・統計研修所 編 『世界の統計2003』より）

	A	B	C
①	シンガポール	パキスタン	日本
②	日本	シンガポール	パキスタン
③	日本	韓国	シンガポール
④	パキスタン	日本	シンガポール

問2 発展途上国の経済成長について、次の(1)、(2)に答えなさい。

(1) 発展途上国の中で、急速に工業化を進め経済成長を果たした国や地域のことを何と言うか。正しいものを、次の中から一つ選びなさい。

　① NIES　　② OPEC　　③ OECD　　④ NIEO

(2) アジアで(1)のような発展を遂げた国として**不適切なもの**を、次の①〜④の中から一つ選びなさい。

① 韓国　②　台湾　③　ホンコン　④　インド

問3　下のグラフは1996年のミャンマーの輸出額を示したものである。このように特定の産物に大きく依存している状態を何と言うか。正しいものを次の①～④の中から一つ選びなさい。

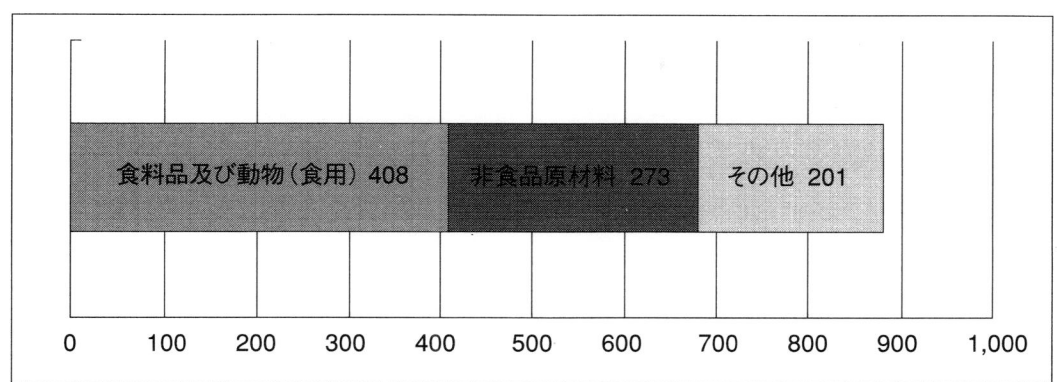

単位：100万米ドル　（総務省統計局・統計研修所 編　『世界の統計2003』より）

①　サブカルチャー　　②プランテーション
③　モノカルチャー　　④フランチャイズ

問4　次の文章を読んで、下の問い(1)、(2)に答えなさい。

　欧米を中心とした先進国の優位で進む国際経済に対して、豊富な資源を持つ発展途上国などは、<u>1 利益を確保するために自国で産出された生産物の主権を主張した</u>。特に、中東諸国を中心に組織された（　a　）では、原油の価格や生産量を調節することで、諸国間で団結して利益の確保に努めた。

(1)　下線部1のような考え方を何と言うか。正しいものを、次の①～④の中から一つ選びなさい。

①　集団安全保障　　②　持続ある発展
③　民族自決　　　　④　資源ナショナリズム

(2)　（　a　）に当てはまる言葉として正しいものを、次の①～④の中から一つ選びなさい。

①　パレスチナ解放機構　　②　石油輸出国機構
③　経済協力開発機構　　　④　石油天然ガス・金属鉱物資源機構

問5 次のグラフはOECDの主要加盟国による、予算拠出の割合の推移を示したものである。これを見て下の問い(1)〜(3)に答えなさい。

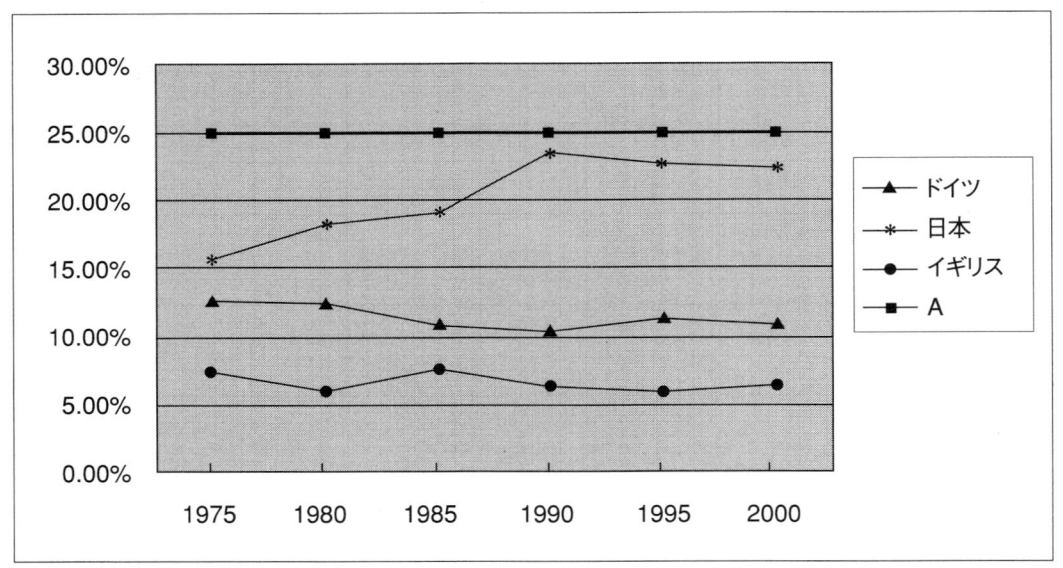

(OECD東京センターホームページより)

(1) グラフのAに当てはまる国名として正しいものを、次の①〜④の中から一つ選びなさい。

	A
①	ロシア
②	カナダ
③	アメリカ
④	中国

(2) このグラフから読み取れることとして正しいものを、次の①〜④の中から一つ選びなさい。

① ドイツは常にイギリスよりも割合が低い。
② グラフの4ヵ国で全体予算のおよそ6割以上の拠出金を出している。
③ グラフの4ヵ国の間では、日本だけ突出して割合が高い。
④ イギリスは1995年以降、割合が5％を下回っている。

(3) OECD の説明として正しいものを、次の①～④の中から一つ選びなさい。

① 1990 年代に韓国やメキシコなどが加盟を申請したが拒否された。
② 先進国の負担となっている発展途上国への援助打ち切りなどを検討している。
③ 下部組織に DAC を設置して発展途上国への援助に関する調整を行っている。
④ 先進国の貿易額を縮小させるために積極的な活動を行っている。

問6 次のグラフは、各国における ODA の援助形態の内訳である。これを見て下の問い(1)、(2)に答えなさい。

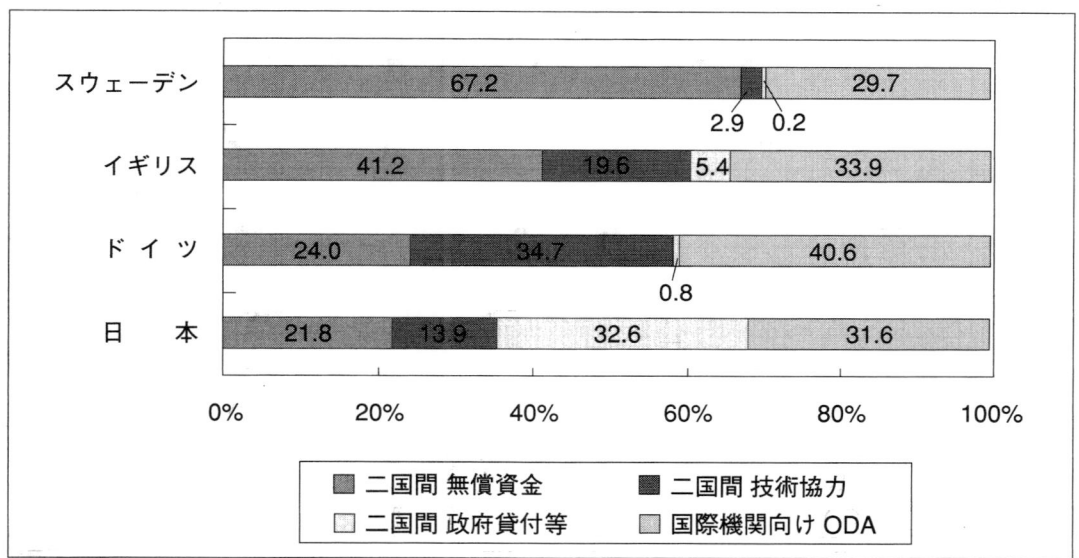

※ 1999 年の実績　支出純額ベース　　　　　　　　　（外務省『ODA 白書　2001 年版』より）

(1) このグラフの説明として正しいものを、次の①～④の中から一つ選びなさい。

① どの国も、半分以上が二国間の無償資金と技術協力で占められている。
② イギリスでは、全体の三分の一が二国間の技術協力にあてられている。
③ 二国間の無償資金の割合が最も多いのはドイツである。
④ 日本は政府貸し付けの割合が他国と比べて圧倒的に多い。

(2) ODA の条件として**不適切なもの**を、次の①～④の中から一つ選びなさい。

① 資金の供与条件が発展途上国にとって重い負担にならない。
② 援助資金で開発を行うときは、必ず供与国から機材や役務を調達する。
③ 発展途上国の経済開発や福祉の向上に寄与する。
④ 政府やその実施機関によって、相手の国や地域、国際機関に供与される。

問7　次のA～Dの説明にあう地域の名前の組み合わせとして正しいものを、次の①～④の中から一つ選びなさい。

A　アラブ人とユダヤ人が対立を続けており、ユダヤ人に戦争で奪われた地域でアラブ人が暫定自治を開始したが、自治のあり方や範囲をめぐって交渉が難航している。
B　ロシア内の共和国が独立を求めたが、それに反対するロシア政府が軍隊を派遣して武力衝突となった。
C　一つの連邦国家が分離して複数の共和国が成立したが、複雑な民族対立から内戦が続いており、コソヴォの独立問題ではNATO軍が軍事介入を行った。
D　カトリック系住民が独立を求めて政府やプロテスタント系住民に対して、テロ攻撃などが続いていたが、現在では暴力での争いは沈静化して自治の交渉が続いている。

	A	B	C	D
①	チェチェン	パレスチナ	北アイルランド	旧ユーゴスラヴィア
②	パレスチナ	チェチェン	旧ユーゴスラヴィア	北アイルランド
③	パレスチナ	旧ユーゴスラヴィア	パレスチナ	チェチェン
④	北アイルランド	北アイルランド	チェチェン	パレスチナ

問8　NPOの説明として正しいものを、次の①～④の中から一つ選びなさい。

① 主に企業よりも大きな利益を上げることを目的に作られる。
② 福祉関係のボランティア活動などを行う市民団体が多い。
③ 日本では政府や自治体がNPOの活動を支援する法律がない。
④ NPOの活動は阪神・淡路大震災をきっかけに少なくなった。

問9　次の説明に合う組織として正しいものを、次の①～④の中から一つ選びなさい。

1999年にノーベル平和賞を受賞したNGOで、災害や紛争の被害者に対する医療活動などを行っている。

① アムネスティ゠インターナショナル　　② 国境なき医師団
③ 赤十字国際委員会　　　　　　　　　　④ 国際刑事裁判所

☆過去問にチャレンジ！

問　ボランティア活動は近年さまざまな年齢層の関心を集めている。次のグラフを見て、下の問い(1)～(4)に答えなさい。

年齢別ボランティア活動参加率（1990年代半ば）

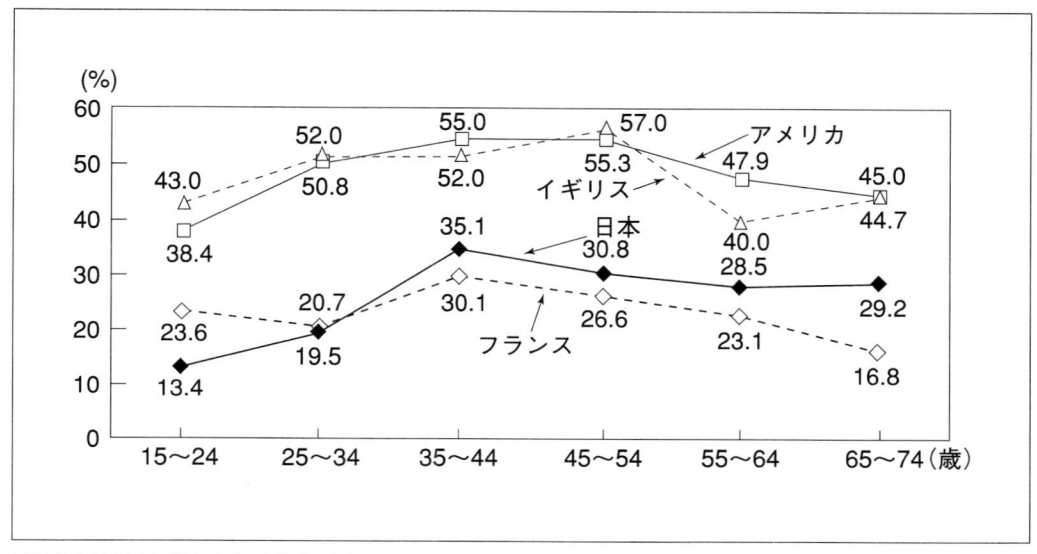

（総務庁統計局『社会生活基本調査報告』など）

(1) 上のグラフの特徴として正しいものを、次の①～④の中から一つ選びなさい。

　① フランスの50歳代は、参加率が高い。
　② アメリカは、イギリスに比べて、どの年齢層でも低い。
　③ 日本は、年齢が上昇するにつれて高くなる。
　④ イギリスとアメリカは、全年齢層にわたって参加率が高い。

(2) 上のグラフによれば、多くの国で30歳～50歳の年齢層の参加率が高い。企業が従業員にボランティア活動を奨励する制度を設けていることも一因である。企業はなぜ、そのような制度を設けることにしたのか。正しいものを、次の①～④の中から一つ選びなさい。

　① 従業員の社会参加を制限する。
　② 企業の人件費を抑制する。
　③ 企業の社会貢献を重視する。
　④ 従業員の営利活動を保護する。

(3) ボランティア活動に最も関係の深い組織を、次の①〜④の中から一つ選びなさい。

① PKF（国連平和維持軍）
② NPO（民間非営利団体）
③ ILO（国際労働機関）
④ DAC（開発援助委員会）

(4) 日本では 1995 年以降、ボランティア活動が注目を集めた。何がきっかけであったか。正しいものを、次の①〜④の中から一つ選びなさい。

① 兵庫県での地震（阪神・淡路大震災）
② 石油危機
③ 広島への原爆投下
④ 湾岸戦争

(2002 年度　第 2 回)

≪ 解　説 ≫
(1) グラフの値をそれぞれ読み取る。
① フランスでは 35〜44 歳の参加率が最も高く、また、50 歳代を含む部分ではグラフに示されている国のうち、一番低い値となっている。
② 35〜44、55〜64 歳の値はイギリスよりアメリカの方が高い。
③ 日本では一番参加率が高いのは 35〜44 歳で、それ以後は減っていく。
④ アメリカ、イギリスは、全年齢層で日本やフランスよりも高い値となっている。

答　④

(2) 選択肢をよく読んで、企業とボランティアとの関係を考える。
① 社会参加を制限するのであれば、ボランティアへの参加も奨励しなくなるはずである。
② 人件費を抑制するのであれば、企業の利益を生まない活動は制限するはずである。
③ 企業の行動には市民の注目が集まる。そのため、企業は社会貢献に力を入れるようになった。
④ ボランティア活動は企業の営利とならないため、ボランティアに参加することは従業員の営利活動にはあたらず、それを保護することにはならない。

答　③

(3) 簡単な問題だが、正解以外のそれぞれの組織についても活動の内容を覚えておく。
　① PKFは、国連の決定にしたがって、加盟国が軍隊などを派遣して、紛争地の停戦監視などを行うための組織である。
　② NPOには、ボランティアなどを行う市民団体が多い。
　③ ILOは、国連の専門機関の一つで、労働条件の改善などに国際的に取り組む機関である。
　④ DACは、OECDの下部組織で、発展途上国の援助に取り組む機関である。

答　②

(4) それぞれのできごとが起こった年代などから考える。
　②の石油危機は第1次が1973年、③の広島への原爆投下は1945年、④の湾岸戦争は1991年で、いずれも1995年以前のできごとである。
　①の阪神・淡路大震災は1995年1月17日に起こった。住宅やビル、高速道路が倒壊、多くの被災者を出した。危機管理の体制が不十分だったため、政府や自治体の対応が遅れる中、全国各地から多くのボランティアが駆けつけて被災者の支援にあたった。そのため、この年は「ボランティア元年」と呼ばれ、1998年のNPO法制定につながった。

答　①

7日目 地理的技能

LESSON ① 地球・地図と図法

1. 地球

直径	赤道の周囲
約 12,700 km	約 4 万 km
表面積合計	
約 5.1 億 km²	
海洋の表面積	陸地の表面積
約 3.6 億 km²	約 1.5 億 km²

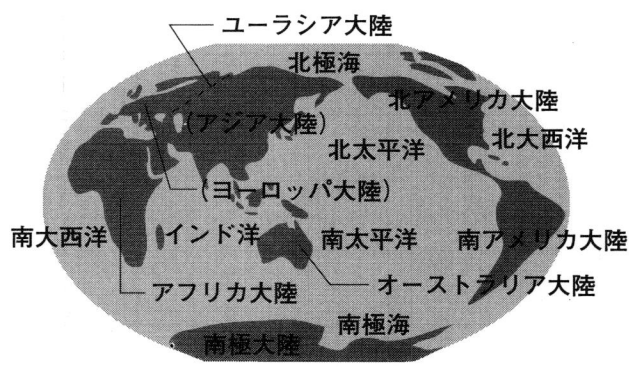

2. 地図と図法

- 緯線：地軸に対して垂直に引いた線で、地球の表面上を東西に走る。赤道を緯度0°として、北は北緯90°、南は南緯90°まである。
  → 回帰線：南緯、北緯それぞれ23°27′の緯線。年に一度、太陽が真上に来る。
- 経線：北極と南極を結ぶ線で、地球の表面上を南北に走る。イギリスの旧グリニッジ天文台跡地を通る線が経度0°で、東は東経180°、西は西経180°まである。東まわりで地球を半周した東経180°と、西まわりで地球を半周した西経180°は同じ場所になる。
- 地球儀：地球をかたどった球形の立体模型。面積、方位、距離、形などが正しい。
- 地図投影法：緯線や経線を地図に表現して、丸い地球を平面に描き出す方法。
- 正角図法：地図上に角度を正しく表現する。メルカトル図法など。海図に使われる。
- 正積図法：地図上に面積を正しく表現する。モルワイデ図法、サンソン図法、グード図法など。
- 方位図法：中心からの方位を正しく表現する。正距方位図法など。航空図に使われる。

●さまざまな図法と特徴

図法	メルカトル図法	サンソン図法
特徴	角度を正確に測れるが、高緯度ほど距離や面積が拡大されてしまう。	低緯度の陸地の形は比較的正確だが、高緯度になるとゆがんでしまう。
地図		

図法	モルワイデ図法	グード図法
特徴	サンソン図法に比べ、高緯度の陸地の形が正確に表現されている。	低緯度がサンソン図法、高緯度がモルワイデ図法で描かれている。
地図		

図法	正距方位図法
特徴	中心点からの最短距離と方位が正確に表現されているが、中心から離れた周辺部の陸地の形や面積が大きくゆがんでしまう。

- **主題図**：ある決まった目的のために、その項目のみを取り上げて作られた地図。
  - →**分布図**：ある項目について、その数量や分布を点や色分けなどで表した地図。
  - →**土地利用図**：耕地や森林、集落など利用目的別に土地を色分けした地図。
  - →**天気図**：各地の気温や風力、風向、降水などを表す記号や等圧線などが記入された地図。天気の予報などに使われる。
  - →**海図**：航海図など、船舶の航行や停泊に必要な情報が記載されている地図。

LESSON ② 標準時・空中写真・GIS

1. 標準時　ゼッタイ覚える！

- **子午線**：ある地点を通る経線のこと。
  - →**本初子午線**：イギリスの旧グリニッジ天文台跡地を通る経線のこと。
- **世界標準時**：本初子午線を基準にした時刻。この標準時を基準にして、経度が東に15°ずれると時間は1時間進み、西に15°ずれると時間は1時間遅くなる。
  - →**日本標準時**：兵庫県明石市を通る東経135°の経線を基準に定めている。世界標準時との時差は、135÷15＝9で、9時間進んでいる。
  - →**標準時間帯**：アメリカやロシアでは国土が東西に広いため、地域ごとに標準時を設定している。中国も東西に広いが、北京標準時で統一されている。
  - →**時差**：各地の標準時が指す時刻の差。日本とイギリスでは9時間の時差がある。
- **日付変更線**：経度180°付近に設定された東側と西側で日付が変わる境界線。この線を越え西に行くと次の日の日付になり、東へ行くと1日前の日付になる。陸地を基準に設定されているので折れ曲がっている。

●世界の主な都市の時差

地名	ニューヨーク	ロンドン	モスクワ	東京	ホノルル
ロンドンとの時差	－5時間	±0時間	＋3時間	＋9時間	－10時間
ロンドンが1月20日午後9時の時の各地の時刻	1月20日午後4時	1月20日午後9時	1月21日午前0時	1月21日午前6時	1月20日午前11時

2. 空中写真・GIS

- **航空写真**：水平飛行する飛行機からカメラで地上を撮影したもの。
- **衛星写真**：人工衛星から送られてくる情報によって作られる写真。地表から反射された光などをもとに、地上の受信局にデータが送られる。
- **GIS**：地理情報システムとも言う。さまざまな情報を地図上に表すシステム。日本では国土地理院が全国を1km四方の区画に分けて、気候や地価などの情報を数値化して表している。
  - → GISの利用：道路交通、環境、災害、都市計画など行政に関係するデータから、顧客や店舗の管理など商業に関係するデータまで、幅広く使われている。

7日目　練習問題

問1　次の文の空欄（a）～（d）に当てはまる語句の組み合わせとして正しいものを、次の①～④の中から一つ選びなさい。

　地球は赤道の周囲が約（　a　）kmに及び、海洋と陸地の表面積の割合はおよそ（　b　）である。海洋のうち最も広いのが（　c　）で、陸地では東アジアからヨーロッパにまたがる（　d　）が最大の面積をもっている。

	a	b	c	d
①	4,000	5:5	大西洋	ユーラシア大陸
②	40,000	7:3	太平洋	ユーラシア大陸
③	400,000	4:6	インド洋	アフリカ大陸
④	4,000,000	8:2	太平洋	アフリカ大陸

問2　緯線や経線を平面に描き出す方法を地図投影法と言うが、そのうち角度を正しく投影する方法を何と言うか。正しいものを次の①～④の中から一つ選びなさい。

① 方位図法　　② 正射図法　　③ 正積図法　　④ 正角図法

問3　次の地図（A）～（C）の図法の名称の組み合わせとして正しいものを、次の①～④の中から一つ選びなさい。

（　A　）　　　　（　B　）　　　　（　C　）

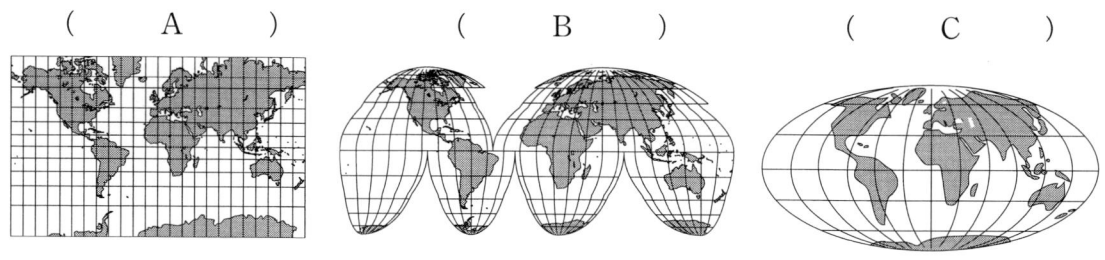

	A	B	C
①	サンソン図法	モルワイデ図法	メルカトル図法
②	メルカトル図法	グード図法	モルワイデ図法
③	モルワイデ図法	メルカトル図法	グード図法
④	グード図法	モルワイデ図法	サンソン図法

問4　メルカトル図法の特徴として正しいものを、次の①～④の中から一つ選びなさい。

① 低緯度がサンソン図法、高緯度がモルワイデ図法で描かれている。
② 高緯度の陸地の形は比較的正確だが、低緯度になるとゆがんでしまう。
③ 角度を正確に測れるが、高緯度ほど距離や面積が拡大されてしまう。
④ 距離、方角、形、面積がいずれもほぼ正確に描かれている。

問5　次の地図A、B上で東京・ロンドン間を直線で結んだ。それぞれの直線についての説明として正しいものを、次の①～④の中から一つ選びなさい。

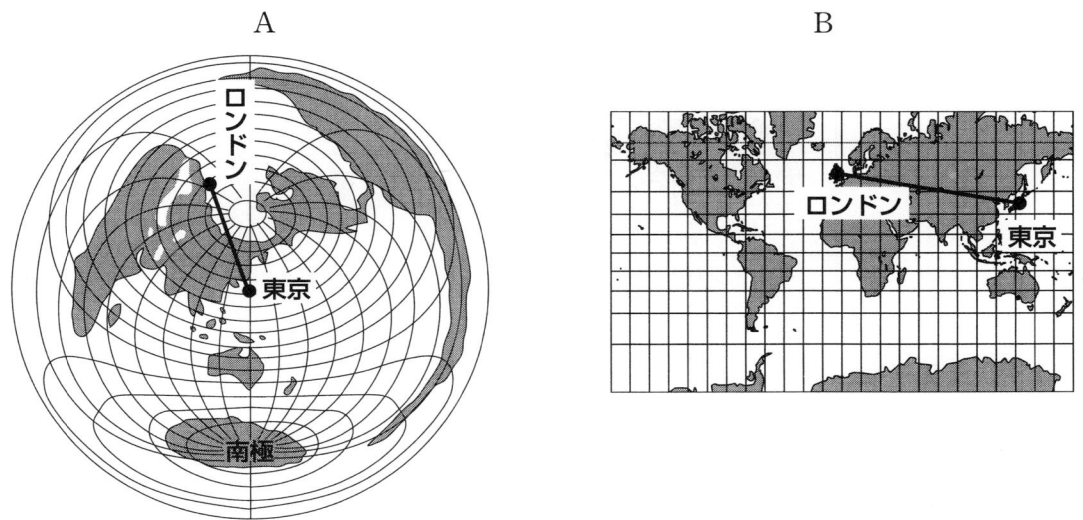

① 東京・ロンドン間の最短距離を正確に示しているのはAの直線である。
② A、Bのどちらの直線も実際は同じ場所を通っている。
③ Bの直線では東京・ロンドン間の方角も距離も測ることはできない。
④ 東京・ロンドン間の最短距離を正確に示しているのはBの直線である。

問6　標準時についての説明として正しいものを、次の①～④の中から一つ選びなさい。

① 世界標準時はニューヨークを通る経線を基準に定められている。
② 日本標準時は神奈川県横浜市を通る東経135°の経線を基準に定められている。
③ 北回帰線と南回帰線下では標準時が同じである。
④ 経度が15°異なると、日の出の時刻は1時間ずれる。

問7 日付変更線についての説明として正しいものを、次の①〜④の中から一つ選びなさい。

① 日付変更線の東は日付が1日早く、西は1日遅い。
② 日付変更線の東は日付が1日遅く、西は1日早い。
③ 日付変更線の北は日付が1日早く、西は1日遅い。
④ 日付変更線の北は日付が1日遅く、西は1日早い。

問8 次の地図は世界各地のおよその経度と時差を示したものである。これを見て、下の(1)〜(3)に答えなさい。

都市	経度	時差
ブラジリア	西経48°	－3時間
サンフランシスコ	西経122°	－8時間
ロンドン	0°	±0時間
カイロ	（ a ）	＋2時間
東京	東経139°	＋9時間

(1) （ a ）にあてはまるカイロのおよその経度として正しいものを、次の①〜④の中から一つ選びなさい。

① 東経30°　② 西経30°　③ 東経50°　④ 西経50°

(2) 東京の時刻が3月15日午前8時のときのブラジリアの時刻として正しいものを、次の①〜④の中から一つ選びなさい。

① 3月16日午後8時　② 3月15日午前2時
③ 3月14日午後8時　④ 3月14日午前2時

(3) 東京から午後4時発の飛行機に乗って、10時間後にサンフランシスコに到着した。サンフランシスコの時刻を表すには、到着時に時計を何時に合わせればよいか。

① 午前11時　② 午後11時　③ 午前9時　④ 午後9時

問9 東経139°の東京と東経129°のプサンでは日の出の時間にどれくらいの差があるか。正しいものを次の①〜④の中から一つ選びなさい。

① 東京のほうがプサンより約20分遅い。
② 東京のほうがプサンより約40分遅い
③ 東京のほうがプサンより約20分早い。
④ 東京のほうがプサンより約40分早い。

問10 次の表で示したA〜Dの都市のうち、お互いが地球のほぼ裏側に位置するものの組み合わせとして正しいものを、次の①〜④の中から一つ選びなさい。

A	リマ	南緯12°	西経77°
B	シアトル	北緯47°	西経122°
C	ニューデリー	北緯28°	東経77°
D	マニラ	北緯14°	東経121°

① A−D ② B−C ③ A−C ④ B−D

問11 GISの説明として正しいものを、次の①〜④の中から一つ選びなさい。

① GISは商業用のデータを反映するもので、行政では使われていない。
② GISは主に道路交通のデータを示すもので、他分野での応用は少ない。
③ GISは国土を100km四方に分けてデータを示すため、精度が低い。
④ GISは気象、地価、災害、道路交通など、幅広い分野で活用されている。

☆過去問にチャレンジ！

問　地球上の水の分布に関する次の表を見て、下の問い(1)、(2)に答えなさい。

地球上の水の分布量

項　　目	水量（10^6 km³）
海　　洋	1349.929
氷　　雪	24.230
地　下　水	10.100
土　壌　水	0.025
湖　沼　水	0.219
河　川　水	0.001
水　蒸　気	0.013
総　　量	1384.517

（榧根勇『水文学』大明堂による）

(1) 地球上の水の分布量に関する説明として最も適切なものを、次の①～④の中から一つ選びなさい。

① 地球上に存在する水の99％以上が海水である。
② 降水のもととなる大気中の水分量は、陸地にある水の総量を上回る。
③ 陸地に存在する水の大半が氷雪と地下水によって占められる。
④ 氷雪のほとんどは高山地域に分布する。

(2) 陸地に存在する水のうち、河川水・湖沼水・土壌水をあわせて「地表水」と呼ぶ。地表水は、水資源としての利用が最も容易である。陸地に存在する水のうち、地表水が占める割合を、次の①～④の中から一つ選びなさい。

①　0.63％　　②　0.71％　　③　6.3％　　④　7.1％

(2002年度　第2回)

≪ 解　説 ≫

(1) 陸水（陸上の水）は、氷雪、地下水、土壌水、湖沼水、河川水。氷雪と地下水で、陸水の99％以上を占める。水蒸気は、海水と陸水が蒸発したもの。

答　③

(2) 陸水の合計が34.575（×10^6 km³）なので、これで地表水の合計0.245（×10^6 km³）を割ると、およそ0.0071となる。％に直すには100をかけて、0.71とする。

答　②

問　次の地図に関する下の問い(1)、(2)に答えなさい。

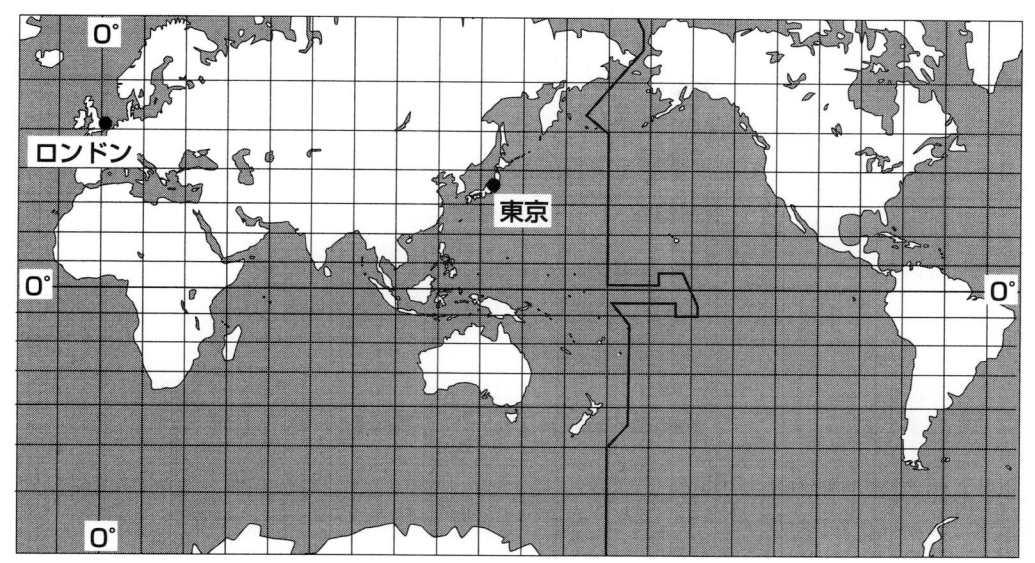

(1) 上の図を見て、東京の緯度と経度の組み合わせを、次の①～④の中から一つ選びなさい。

	緯度	経度
①	北緯 35°	東経 139°
②	北緯 35°	東経 96°
③	北緯 50°	東経 96°
④	北緯 50°	東経 139°

(2) 冬のある日、旅客機が日本時間午前8時に東京を出発し、11時間の飛行でロンドンに到着した。到着時刻は現地時間で何時か。次の①～④の中から一つ選びなさい。

　　① 午前4時　　② 午前8時　　③ 午前10時　　④ 午後1時

(2002年度　第2回)

≪ 解　説 ≫

(1) 地図は、上下の陸地がすべて描かれていないことに注意する。地図中の緯線は10°、経線は15°の間隔で引かれている。緯度は赤道から北に3本引かれた先にあるので北緯35°付近にあることがわかる。経度はロンドンから東に9本引かれた先にあるので139°付近にあることがわかる。

答　①

(2) 飛行機の到着時間は日本時間で午後7時。そこから時差の9時間を引けばよい。

答　③

8日目 日本の国土と自然

LESSON ① 気候・地形・植生

1. 日本の気候

- 日本の気候区分：北海道を除く大部分の地域では温暖湿潤気候。北海道は冷帯湿潤気候。沖縄など、日本列島の南に位置する島々の気候は、亜熱帯と呼ばれることもある。
  - →温暖湿潤気候：温暖で降水量が多く、夏と冬の気温の変化が比較的大きい。
  - →冷帯湿潤気候：冬の期間が長く夏が短い。冬は気温が低く雪が多く降る。
- 気団：広い範囲にわたって一定の特徴がある温度、湿度をもつ大気。

●日本に訪れる気団

名称	シベリア気団	小笠原気団	オホーツク海気団
主な季節	冬	夏	梅雨（つゆ）期・秋
発生場所	シベリア	日本の南海上	オホーツク海 千島列島付近
特徴	気温が低く、日本海を渡るときに水蒸気を吸収して、日本海沿岸で大雪を降らせる。	太平洋高気圧の一部で、高温多湿。	寒冷多湿。長雨を降らせる梅雨前線や秋雨前線を作る。

- 移動性高気圧：西から東に移動する高気圧。日本では春と秋に訪れる。
- 温帯低気圧（移動性低気圧）：前線上を移動する低気圧。日本では西から東に移動するため、天気も西から東へと変わる。
  - →前線：気団と気団が接する地表での境界線。
- 季節風（モンスーン）：夏は海洋から大陸内部、冬は大陸内部から海洋へと吹く風。日本では夏は東南の季節風の影響を受け高温多湿となり、冬は北西の季節風により日本海側で豪雪、太平洋側で乾燥した気候となる。

● 日本の季節と天気の変化

春・秋	夏	冬	梅雨
西から東に向かって、移動性高気圧と温帯低気圧が交互に訪れる。秋にはオホーツク海気団の出現により秋雨前線が発生して、長雨となる。	南から小笠原気団が張り出し、高温多湿になる。この時期から秋にかけて、南太平洋上に台風が発生して、豪雨と強風に襲われる。	北からシベリア気団が出現して寒くなる。日本海側や北日本は大雪が降り、太平洋側は晴天が続き乾燥する。	6月から7月ごろにかけて、オホーツク海気団と小笠原気団の間に梅雨前線が発生して、長雨が続く。北海道には梅雨がない。

2. 日本の地形

- **弧状列島**：日本列島は弧を描いて連なる弧状列島となっている。
  - →**フォッサマグナ**：本州の中央を横断する断層地帯。西側の境界線を糸魚川＝静岡構造線と言う。フォッサマグナの東側を東北日本、西側を西南日本と言う。
  - →**中央構造線**：西南日本を南北に分ける断層線。中央構造線の北側を内帯、南側を外帯と言う。

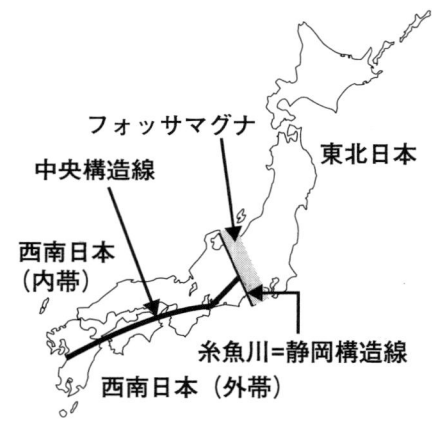

- **堆積平野**：河川や海の堆積作用によって生まれた平野。
  - →**堆積作用**：ここでは河川などによって運ばれた土砂が積み重なることを指す。
  - →**沖積平野**：1万年前から現在に至る完新世と呼ばれる時代に、河川の堆積作用によってできた平野。大阪平野や関東平野など。
  - →**扇状地**：沖積平野の一種で、谷の出口から扇形に平野が広がる地形。甲府盆地（山梨県）など。
  - →**三角州**：河口付近に堆積した土砂によってできた、三角形の平坦な地形。広島平野の太田川（広島県）などに見られる。

- **海岸平野**：海底に堆積した面が陸地になってできた平野。宮崎平野（宮崎県）など。
- **洪積台地**：主に、洪積世と呼ばれる約200万年前から1万年前までの時代にできた平坦な面が、沖積平野より一段高いところに表れた地形。武蔵野台地（関東平野西部）など。
  - →**関東ローム層**：関東地方の台地をおおう富士山（静岡県・山梨県）や浅間山（長野県・群馬県）などから噴き出した火山灰の層。
- **河岸段丘**：谷が新たに河川に削られることで、さらに谷ができて階段状の平野となった地形。利根川の支流の流域など。
- **リアス式海岸**：山地が沈んでできた入り組んだ地形の海岸。三陸海岸（青森県・岩手県・宮城県）や若狭湾（福井県）など。
- **日本の河川、湖沼**：河川は一般的に短く、地形の勾配が急なので急流。湖は全体的に小さいものが多く、日本最大の湖は滋賀県の琵琶湖である。日本の特徴的な湖としては、火口に水がたまった**カルデラ湖**などがある。

3. 植生

- **落葉広葉樹**：一定の時期に落葉する広葉樹で、日本では冬に落葉する。東北日本の低地や南西日本に分布する。
- **常緑針葉樹**：常に緑に茂っている針葉樹。寒冷地の植物で、北海道東部や本州の高地に分布する。
- **混合林**：針葉樹と広葉樹がともに分布する森林。

LESSON ② 地震・火山

1. 地震

- プレート：地球の表面にある岩盤。日本は大陸側のユーラシアプレート、太平洋側の太平洋プレート、フィリピン海プレートの上にある。
- 地震：日本の地震は世界でも有数の多さである。
  → 火山性地震：火山の活動によって起こる地震。
  → プレート間地震：海洋のプレートが陸のプレートに沈み込み、引きずられた陸のプレートが元に戻ろうとして跳ね上がったときに起こる地震。
  → プレート内地震：プレートの内部が破壊したことによって起こる地震。

●過去の主な地震と被害

名称	関東大震災	南海地震	福井地震
日時	1923年9月1日	1946年12月21日	1948年6月28日
規模	M 7.9	M 8.0	M 7.1
被害	死者・行方不明者14万名以上、家屋全壊12万棟以上、家屋全焼44万棟以上	死者1300名以上、家屋全半壊3万棟以上	死者3700名以上、家屋全壊3万棟以上
名称	十勝沖地震	北海道南西沖地震	阪神・淡路大震災
日時	1968年5月16日	1993年7月12日	1995年1月17日
規模	M 7.9	M 7.8	M 7.2
被害	死者50名以上、家屋全半壊3600棟以上	死者・行方不明者200名以上、家屋全壊900棟以上	死者6000名以上、家屋全半壊24万棟以上

2. 火山

- **火山**：日本は世界有数の火山国である。
  - →**活火山**：現在も活動を続けている火山。有珠山（北海道）、普賢岳（長崎県）など。
- **火山の被害**：火山の噴火で、火山灰や火砕流などによる被害が発生する。
  - →**火山灰**：火山から噴き出る溶岩などのかけら。風に飛ばされて広い範囲に降る。
  - →**火砕流**：火山から噴き出た高温の軽石などが、高速で地上を流れる現象。

●近年の主な噴火と被害

火山	三原山	雲仙・普賢岳	有珠山	雄山
場所	伊豆大島	長崎県	北海道	三宅島
年	1986年	1991年	2000年	2000年
被害	全島民が島外へ避難	火砕流が発生して、死者・行方不明者43名	約16000名が避難	全島民が島外へ避難

8日目　練習問題

問1 日本の気候について説明した次の文を見て、下の問い(1)～(3)に答えなさい。

　日本は気候区分上、北海道を除く地域が（ a ）、北海道は（ b ）に分類されている。北海道では1 梅雨がなく、湿気も少ないため夏は過ごしやすいが、冬には2 本州の日本海側と同様豪雪に見舞われる。

(1)　空欄（ a ）、（ b ）に当てはまる語句の組み合わせとして正しいものを、次の①～④の中から一つ選びなさい。

	a	b
①	温帯夏雨機構	冷帯夏雨気候
②	温暖湿潤気候	冷帯湿潤気候
③	冷帯夏雨気候	温暖湿潤気候
④	冷帯湿潤気候	温暖夏雨気候

(2)　下線部1「梅雨」の説明として正しいものを、次の①～④の中から一つ選びなさい。

①　6月から7月にかけて、シベリア気団と小笠原気団の間にできる前線によってもたらされる長雨。
②　9月から10月にかけて、シベリア気団と小笠原気団の間にできる前線によってもたらされる長雨。
③　9月から10月にかけて、オホーツク海気団と小笠原気団の間にできる前線によってもたらされる長雨。
④　6月から7月にかけて、オホーツク海気団と小笠原気団の間にできる前線によってもたらされる長雨。

(3)　下線部2「本州の日本海側に見られるような豪雪」とあるが、本州の日本海側が豪雪に見舞われているこの時期、本州の太平洋側はどのような気候か。正しいものを次の①～④の中から一つ選びなさい。

①　晴天の日が多く、乾燥している。
②　晴天の日は少なく、連日雪に見舞われる。
③　気温や湿度が高くなり、長雨が続く。
④　台風の影響により、湿度が高くなる。

問2　次のA～Dの文が説明している季節の組み合わせとして正しいものを、次の①～④の中から一つ選びなさい。

A　小笠原気団の影響で高温多湿となり、台風などによる豪雨に見舞われる。
B　前線が形成されて長雨が続き、時期遅れの台風に見舞われることもある。
C　シベリア気団の影響で気温が下がり、日本海側や北日本に大雪が降る。
D　移動性の高気圧と低気圧が交互に訪れ、気温が次第に上昇していく。

	A	B	C	D
①	春	夏	秋	冬
②	冬	春	夏	秋
③	秋	冬	春	夏
④	夏	秋	冬	春

問3　本州の中央を日本海側から太平洋側にかけて横断する断層地帯を何と言うか。正しいものを、次の①～④の中から一つ選びなさい。

①　フォッサマグナ　　　　②　中央構造線
③　フィリピン海プレート　④　日本海溝

問4　日本の平野について説明した次の文を見て、下の問い(1)、(2)に答えなさい。

　日本の平野は主に河川や海の堆積作用による堆積平野である。河川の堆積によってできた地形には、関東平野などの大きな平野や甲府盆地のように山に囲まれた内陸部にできた平野もある。また、海の堆積作用によってできた平野には宮崎平野がある。

(1)　関東平野や周囲の台地には、富士山や浅間山の火山灰が降り積もってできた地層がある。その地層の名称として正しいものを、次の①～④の中から一つ選びなさい。

①　活断層　②　火砕流　③　関東ローム層　④　バリアリーフ

(2)　甲府盆地は河川の堆積作用でできた地形で、谷の出口から平野が広がっている。このような地形の名称として正しいものを、次の①～④の中から一つ選びなさい。

①　三角州　②　扇状地　③　河岸段丘　④　洪積台地

問5　三陸海岸や若狭湾など、山が沈んでできた入り組んだ地形を何と言うか。正しいものを次の①～④の中から一つ選びなさい。

①　海岸平野　　②　フィヨルド　　③　離水海岸　　④　リアス式海岸

問6　日本の河川の特徴として正しいものを、次の①～④の中から一つ選びなさい。

①　世界の河川と比べ、短くて流れが急である。
②　世界の河川と比べ、流域面積が広く水量が多い。
③　世界の河川と比べ、短くて流れが穏やかである。
④　世界の河川と比べ、海水が含まれている割合が多い。

問7　東北日本の低地や南西日本に分布する樹木で、冬になると葉が散るものを何と言うか。正しいものを、次の①～④の中から一つ選びなさい。

①　常緑針葉樹　　②　常緑広葉樹　　③　落葉広葉樹　　④　熱帯雨林

問8　日本の地震について説明した次の文を見て、下の問い(1)、(2)に答えなさい。

　日本は1 三つのプレートの上に国土があるため、プレートの動きによって起こるプレート間地震や、プレート内のひずみによって起こるプレート内地震が多い。これらの地震は数十年から、数百年に１回の割合で起きており、今後も東海地震や南海地震など、人口密集地での大規模地震が予想されている。

(1)　下線部１のプレートとして**不適切なもの**を、次の①～④の中から一つ選びなさい。

①　フィリピン海プレート　　②　ユーラシアプレート
③　太平洋プレート　　　　　④　インドプレート

(2)　1995年1月17日に兵庫県を中心に起こったプレート内地震として正しいものを、次の①～④の中から一つ選びなさい。

①　阪神・淡路大震災　　②　関東大震災
③　三陸はるか沖地震　　④　福井地震

問9　次の文章の（ a ）当てはまる火山として正しいものを、次の①〜④の中から一つ選びなさい。

　長崎県の（ a ）では、1991年に大規模な火砕流が発生して、島原市などが被害を受けた。

　　① 富士山　　② 有珠山　　③ 三原山　　④ 雲仙・普賢岳

問10　火山の火口に水がたまってできた湖をカルデラ湖というが、カルデラ湖として**不適切なもの**を、次の①〜④の中から一つ選びなさい。

　　① 洞爺湖　　② 琵琶湖　　③ 十和田湖　　④ 屈斜路湖

9日目　日本の人々と産業

LESSON ① 農林水産業

1. 日本の農業

- **農業の規模**：世界的に見て、耕地面積が狭く、農業従事者1人あたりの農地面積も小さい。北海道は農業従事者1人あたりの農地面積が、他都府県の10倍の規模を持つ。
- **農業従事者**：高齢者が多く、後継者が不足している。また、専業農家が少なく、農業以外の収入に依存している。
  - →**専業農家**：農業を本業として、家族に農業以外の産業に従事している者がいない農家。
  - →**兼業農家**：家族が農業以外の産業に従事している者がいる農家。
- **米の生産**：政府の減反政策によって生産量は減少させられてきた。
  - →**減反政策**：米の生産を制限する政策。当初は奨励金を与えて水田を休耕させる方法だったが、のちに水田を他の作物の栽培に転用させる転作を奨励した。
  - →**日本の米どころ**：新潟平野や庄内平野など、北陸地方から東北地方にかけての平野では米の生産が盛んで、「米どころ」と呼ばれている。
- **促成栽培**：温室などを利用して生育を早め、短期間で収穫する栽培方法。野菜や花で利用される。冬でも比較的温暖な宮崎県や高知県での、野菜の促成栽培が有名。
- **高冷地農業**：キャベツやハクサイなどの高原野菜は、夏でも涼しい高原地帯の気候を利用して栽培される。長

●農地に関するデータ（2001年）

耕地面積	約479万ha
耕地率	12.9%
うち水田の割合	54.7%

（総務省統計局・統計研修所 編『日本の統計2003』より作成）

●農業従事者に関するデータ（2001年）

総人口に対する農家人口の割合	8.0%（2000年）
農家数	約229万戸
うち専業農家	18.9%
農業就業人口に対する60歳以上の人口の割合	66.4%

（総務省統計局・統計研修所 編『日本の統計2003』より作成）

●稲の収穫量 上位5県

（2000年産　単位：100 t）

全国	94,720
北海道	7,291
新潟	6,590
秋田	5,497
宮城	4,586
山形	4,503

（総務省統計局・統計研修所 編『日本の統計2003』より作成）

野県や群馬県など、標高が高い内陸地で盛ん。
- **近郊農業**：消費地である大都市に近いところで行われる農業。野菜や花などが栽培される。
- **果樹栽培**：各地でさまざまな果樹が栽培されている。

●主な果樹収穫高の都道府県別の割合（2000年産）

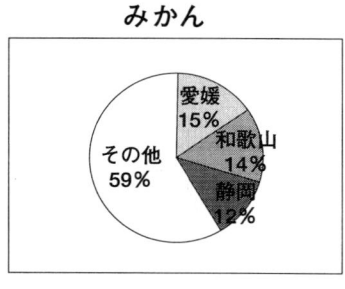
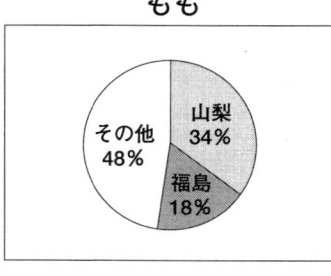
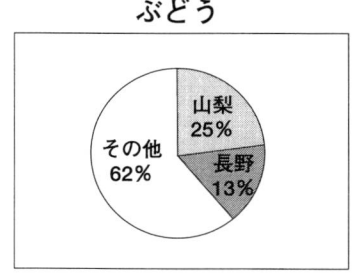
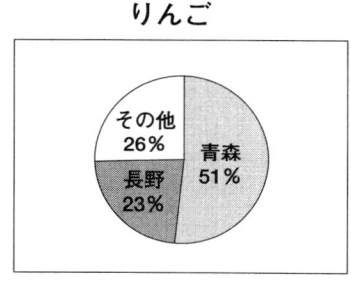
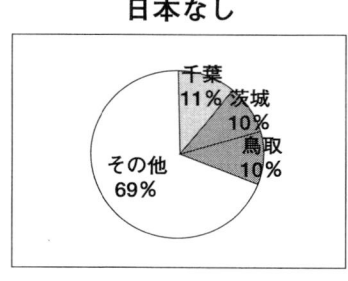
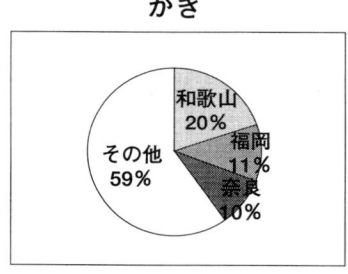

（総務省統計局・統計研修所 編『日本の統計2003』より作成）

- **日本の農業政策**：低下する食料自給率や国際化に対応することが求められている。
  - →**食糧管理制度**：第2次世界大戦中に制定された食料の統制に関する制度。戦後も政府が米などを買い入れて販売を管理してきたが、1995年に新食糧法に改められて生産者が自由に生産、販売できる制度になった。
  - →**農畜産物貿易の自由化**：輸出入の自由化によって政府の保護が行われなくなると、価格競争などで不利になる日本の農業は衰亡の危機を迎える恐れがある。

2. 日本の林業

- **林業の現状**：日本の国土の約67％が森林となっているが、山村の過疎化や輸入木材の増加などで低迷。北海道、東北での生産量が多く、中部地方でも盛んである。

- 国有林：国が所有する森林。日本の森林の約 30％が国有林となっている。

3. 日本の漁業

- 漁業の現状：日本は、輸入量が世界の水産物の 4 分の 1 を占める大消費国である。国内の漁業も盛んだが、乱獲や環境悪化などの影響で漁獲量は伸び悩んでいる。
  - →遠洋漁業：遠方の海域で行う漁業。まぐろやかつおなどを獲る。
  - →沖合漁業：日帰りできる海域で動力 10 t 以上の漁船による漁業。
  - →沿岸漁業：海岸付近で漁船を使用しないか 10 t 未満の漁船による漁業。

●水揚げ量が多い漁港

（2002年　単位：t）

漁港	水揚げ量
焼津（静岡県）	248,690
銚子（千葉県）	187,425
八戸（青森県）	160,676
釧路（北海道）	152,439
石巻（岩手県）	108,306

（農林水産省「平成 14 年産地水産物流通調査結果の概要」より作成）

- 日本近海の漁場：親潮と黒潮がぶつかる三陸沖、大陸棚の広がる東シナ海、太平洋北西部などが好漁場。
  - →親潮（千島海流）：千島列島から北海道、東北日本の太平洋側に流れる不透明な低温の海流（寒流）で、魚の餌となるプランクトンを多く含む。
  - →黒潮（日本海流）：日本列島の太平洋側を北東に流れる温暖な海流（暖流）。
  - →大陸棚：海岸から緩やかに傾斜して棚のようになっている水深 200 m までの海底。好漁場であるほか、海底資源の開発でも注目される。
- 200 海里漁業専管水域：沿岸の国に独占的に漁業利用が認められる、沿岸から 200 海里の範囲の水域。他の国は沿岸の国の許可がないと漁業ができない。

LESSON ② 商工業

1. 日本の工業

- 日本の主要な工業：自動車、半導体、時計、ピアノなどが世界の上位を占めている。

●世界で上位を占める日本の工業製品

品名	自動車	半導体	商船	時計	カメラ	ピアノ
シェア	17.4%	33.4%	38.2%	63.3%	14.9%	41.2%
順位	2位	1位	2位	1位	2位	1位
年	2000年	1995年	2000年	1999年	1998年	1999年

(帝国書院『地理データファイル 2003年度版』より作成)

- 太平洋ベルト：西は九州北部から東は関東まで、工業地帯が連なっている太平洋岸の地域。帯状に工業地帯、交通機関、人口が密集しているのでこう呼ばれている。
- 四大工業地帯：太平洋ベルトに連なる北九州、阪神、中京、京浜の4つの工業地帯。近年では各地帯の周辺での工業も活発となり、地位が低下している。
  - → 京浜工業地帯：東京都と神奈川県にまたがる日本最大の工業地帯。出版印刷、機械、雑貨の生産が多いのが特徴。臨海部では鉄鋼や化学工業が発達している。
  - → 中京工業地帯：愛知、岐阜、三重県にまたがる日本第二の工業地帯。繊維、窯業（陶磁器、ガラスなどの製造）が伝統的に盛んで、重化学工業も発達。豊田市の自動車や四日市市の石油化学コンビナートが有名。
  - → 阪神工業地帯：大阪府、兵庫県にまたがる日本第三の工業地帯。雑貨、繊維などの軽工業が盛んで金属、機械、化学も発展したが、近年は地位が低下しつつある。
  - → 北九州工業地帯：福岡県北九州市を中心に広がる工業地帯。鉄鋼や化学製品など、重化学工業の中間製品（他の製品の原材料となるもの）の生産が特徴的で、機械製品や軽工業製品の割合が低い。

LESSON ③ 人口・交通と通信

1. 人口

- 日本の人口：第2次世界大戦後は一貫して増加しているが、増加率は減少傾向にある。
- 人口密度：人口を土地の面積で割った数で、普通は1 km² あたりの人口を示す。
  → 人口集中：最も人口が集中する東京23区の人口密度は 13,106人（2001年2月）にも上る。
- 年齢別人口構成：0〜14歳の幼年人口、15〜64歳の生産年齢人口、65歳以上の老年人口に区分される。
  → 少子高齢化：平均寿命が延びている一方、出生率が低下しており、65歳以上の老人が人口に占める割合が高くなっている。
- 産業別人口構成：就業者を産業部門別に区分する。
  → 第1次産業：農林水産業や牧畜業、狩猟業など。発展途上国で多い。
  → 第2次産業：鉱業、製造業、建設業など。
  → 第3次産業：商業、金融業、運輸通信業、サービス業、公務、自由業など。先進資本主義国でもっとも多い。

●日本の人口（2001年）

人口	1億2729万人
人口密度	341.4人/km²
年齢別人口構成比	
0〜14歳	14.4%
15〜64歳	67.7%
65歳以上	18.0%
産業別人口構成比	
第1次産業	4.9%
第2次産業	30.0%
第3次産業	64.5%

（総務省統計局・統計研修所 編『日本の統計 2003年』より作成）

2. 交通・通信

- 道路：国内での貨物輸送の大半はトラックなどの自動車による輸送。国民1000人あたりの自動車保有台数は599台。道路の総延長は約117万kmに及ぶ。
  → 高速自動車道：自動車専用の道路。東京都と愛知県を結ぶ**東名高速道路**、**中央自動車道**、愛知県から兵庫県を結ぶ**名神高速道路**などがある。
- 鉄道：輸送人員は延べ217億人（2001年）で、自動車に次ぐ主要交通となっている。
- 海上交通：横浜港や神戸港が主な貿易港として利用されている。

- 航空交通：国内線では、東京〜福岡・札幌など、遠距離での人員輸送で主要な交通手段となっている。国際線の旅客数は、1990年から2000年の間に2倍近い伸びを示した。
- 通信：通信技術の発達により、高度な情報化が進んでいる。
  - →郵便：郵便事業は明治時代から国の仕事であったが、2003年に日本郵政公社として、国から分離、独立した。宅配便は、民間業者が全体の86.4％（2001年）を占め、郵便の割合は大きく減少している。
  - →放送：放送衛星（BS）や通信衛星（CS）を中継した**テレビの衛星放送**が普及している。**デジタル方式**と呼ばれる技術により、多チャンネル化も進んでいる。
  - →電話：携帯電話が増えており、契約件数では携帯電話が一般回線を上回っている。
  - →インターネット：インターネットの利用者も急激に増えており、大量なデータを送受信できるADSLや光ファイバーを利用したブロードバンドが普及しつつある。

LESSON ④　貿易

1. 貿易品目と貿易額

- 主な輸出品目：機械や自動車、集積回路など工業製品が主な輸出品目となっている。
- 主な輸入品目：機械などのほか、国内で自給できない食料品や燃料の輸入が多い。

●日本の貿易品目の構成比（1999年）

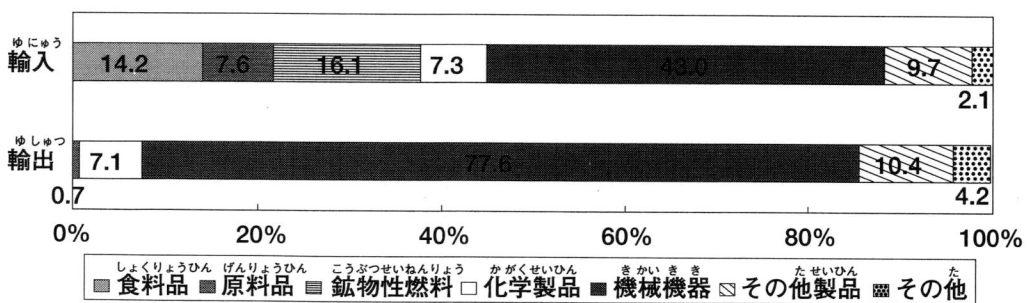

（帝国書院『地理データファイル　2003年度版』より作成）

● 主な資源の海外依存度（1999年）

小麦	大豆	綿花	鉄鉱石	石炭	原油	天然ガス
89.4%	97.6%	100%	100%	97.1%	99.7%	96.8%

（帝国書院『地理データファイル 2003年度版』より作成）

・貿易額：近年は輸出超過の状態が続いている。

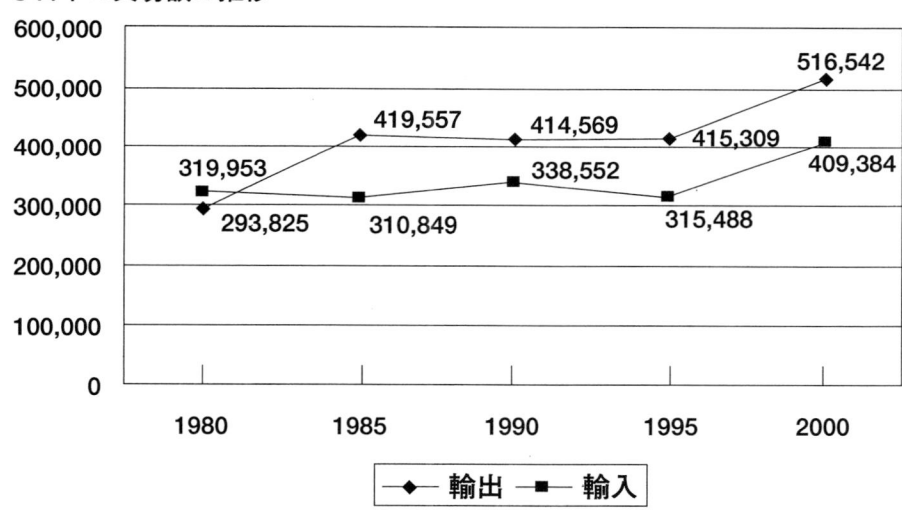

●日本の貿易額の推移

輸出：319,953（1980）、419,557（1985）、414,569（1990）、415,309（1995）、516,542（2000）
輸入：293,825（1980）、310,849（1985）、338,552（1990）、315,488（1995）、409,384（2000）

円建（億円）　　（総務省統計局・統計研修所 編『日本の統計 2003』より作成）

2. 貿易相手国

・日本の主な貿易相手国：アメリカが最大の貿易相手国。EUと中国がこれに続く。

●貿易額上位6位〔日本 → 各国・地域〕(2001年　単位：100万ドル)

アメリカ	EU	中国	韓国	台湾	香港
121,146	64,351	30,941	25,285	24,214	23,248

●貿易額上位6位〔日本 ← 各国・地域〕(2001年　単位：100万ドル)

アメリカ	EU	中国	韓国	インドネシア	オーストラリア
63,171	57,786	44,550	17,210	14,870	14,451

(帝国書院『地理データファイル　2003年度版』より作成)

9日目　練習問題

問1　日本の農業に関する説明として正しいものを、次の①〜④の中から一つ選びなさい。

① 稲作は制限されており、耕地面積のうち水田が占める割合は半分以下である。
② 北海道の農業従事者1人あたりの耕地面積は、全国平均より低い。
③ 兼業農家が専業農家を大きく上回り、跡継ぎ不足なども問題となっている。
④ 日本は農産物の多くを輸出しており、世界有数の農業国である。

問2　各地の農産物について説明した次の文章を読んで、下の問い(1)、(2)に答えなさい。

　稲作の盛んな地域は（　a　）など東北日本の日本海側に多く、これらの地域は「米どころ」と呼ばれている。野菜では、温暖な宮崎県や高知県でビニールハウスなどを利用した（　b　）が行われ、各地に出荷されている。果樹では、静岡県や愛媛県の（　c　）や青森県や長野県の（　d　）が有名である。

(1) 空欄（ a ）〜（ b ）に当てはまる語句の組み合わせとして正しいものを、次の①〜④の中から一つ選びなさい。

	a	b	c	d
①	新潟平野	促成栽培	みかん	りんご
②	新潟平野	高原栽培	りんご	みかん
③	甲府盆地	促成栽培	みかん	りんご
④	甲府盆地	高原栽培	りんご	みかん

(2) 稲作に関する日本政府の政策の説明として正しいものを、次の①〜④の中から一つ選びなさい。

① 減反政策を行っており、水田を宅地として開発するように指導している。
② 政府の流通からはずれた農家自身の米の自主流通は法律で禁止されている。
③ 第2次世界大戦後、一貫して稲作を奨励して水田開発などを行っている。
④ 新食糧法の制定により、市場の原理を導入した米の生産、販売が認められた。

問3 次の表は東京都に流入する食料の主な産地を示したものである。これを見て、下の問い(1)、(2)に答えなさい。

東京都に流入する食料の主な産地　　　　　　　　　　　　　　（2000年　単位：トン）

農産物	総数	他地域からの流入	主な産地			
			千葉県	茨城県	海外	群馬県
入荷数量	2,536,918	2,488,829	304,753	244,282	229,921	130,355
割合	100%	98.1%	12.0%	9.6%	9.0%	5.1%

畜産物	総数	他地域からの流入	主な産地			
			千葉県	茨城県	栃木県	海外
入荷数量	87,751	85,527	17,576	12,808	11,570	8,881
割合	100%	97.5%	20.0%	14.6%	13.2%	10.1%

水産物	総数	他地域からの流入	主な出荷地（東京都を除く）			
			静岡県	千葉県	宮城県	北海道
入荷数量	722,672	538,679	77,368	67,995	54,773	46,854
割合	100%	74.5%	10.7%	9.4%	7.6%	6.5%

(東京都『東京都統計年鑑 平成12年』より作成)

(1) 上の表の説明として正しいものを、次の①～④の中から一つ選びなさい。

① 東京都から千葉県に多くの食料が出荷されている。
② 東京都は水産物の1割を海外で水揚げされたものに依存している。
③ 東京都に入荷される水産物のおよそ4分の1は、他地域から出荷されている。
④ 畜産物のおよそ半分の量が関東地方から出荷されている。

(2) 千葉県や茨城県のように、大消費都市に近い地域で行う農業を何と言うか。正しいものを、次の①～④の中から一つ選びなさい。

① 近郊農業　② 有機農業　③ 近代農業　④ 灌漑農業

問4 プランクトンが豊富な親潮と温暖な黒潮がまざる水域で、日本近海の好漁場とされる場所として正しいものを、次の①～④の中から一つ選びなさい。

① 日本海　② 瀬戸内海　③ 東シナ海　④ 三陸沖

問5 次のグラフは近年の日本の漁業部門別の漁獲高を示すものである。これを見て、下の問い(1)～(3)に答えなさい。

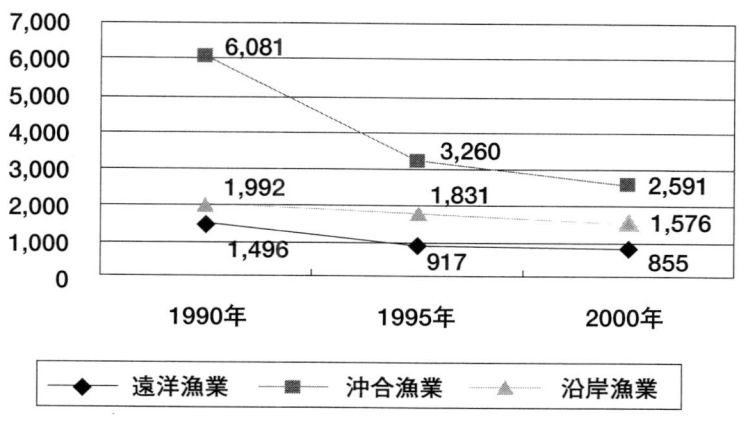

(総務省統計局・統計研修所 編『日本の統計2003』より作成)

(1) 上のグラフの説明として正しいものを、次の①～④の中から一つ選びなさい。

① いずれの部門も漁獲量が増加している。
② 遠洋漁業の漁獲量は10年間で半分以下になった。
③ 沿岸漁業の2000年の漁穫量は10年前の遠洋漁業よりも多い。
④ 日本の漁獲量の減少で太平洋の水産資源は豊富になった。

(2) 上のグラフの3部門の漁業のうち、沖合漁業が占める割合の変化を示したものとして正しいものを、次の①～④の中から一つ選びなさい。

	1990年	1995年	2000年
①	51.0%	27.3%	21.7%
②	63.5%	54.3%	51.6%
③	86.9%	46.6%	37.0%
④	32.8%	56.2%	60.8%

(3) 日本が独占的に漁業利用を認められている漁業専管水域は日本の沿岸何海里までか。正しいものを、次の①～④の中から一つ選びなさい。

① 12 海里　　② 3 海里　　③ 100 海里　　④ 200 海里

問 6　次の A～C の説明に当てはまる都市名として正しいものを、次の①～④の中から一つ選びなさい。

A　出版印刷業が集中しており、企業の本社も多く置かれている。
B　日本第 2 の工業地帯にあり、巨大な石油化学コンビナートがある。
C　阪神工業地帯に位置する都市で、日本有数の貿易港がある。

	A	B	C
①	東京	川崎	横浜
②	大阪	四日市	神戸
③	大阪	川崎	横浜
④	東京	四日市	神戸

問7 次の表は、東京23区の通勤・通学者の流入と流出を示したものである。これを見て、次の問い(1)、(2)に答えなさい。

通勤・通学による東京23区の流入・流出人口

（単位：人）

	東京23区への流入人口	東京23区からの流出人口
都内23区外	660,229	126,458
神奈川県	979,017	125,951
千葉県	875,937	88,026
埼玉県	1,056,861	197,183
茨城県	83,497	5,467
栃木県	18,431	2,071
群馬県	11,591	1,527
その他	34,575	9,734
合計	3,063,341	556,417

（東京都『東京都統計年鑑　平成12年』より作成）

(1) 上の表の説明として正しいものを、次の①～④の中から一つ選びなさい。

① 東京23区から他地域へ通勤・通学をする人は3分の1が埼玉県へ通っている。
② 神奈川県から東京23区へ通う人口は千葉県のおよそ1.5倍にあたる。
③ 他県から東京23区へ通う人口より、東京23区から他県に通う人口の方が多い。
④ 実際に東京23区内だけの移動で通勤・通学をする人はいない。

(2) 上の表にある通勤・通学者が最も多く利用する交通機関として正しいものを、次の①～④の中から一つ選びなさい。

① 鉄道　　② 飛行機　　③ 船　　④ タクシー

問8 次の表は、アメリカ合衆国と日本との貿易関係を示すものである。これを見て、下の問い(1)、(2)に答えなさい。

おもな輸出入品と総額に対する割合　単位：％

(2001年)	A	一般機械	電気機械	自動車部品	精密機械
日本からアメリカへ	25.5	22.0	19.1	5.5	5.5
	電気機械	一般機械	精密機械	B	穀物、その調整品
アメリカから日本へ	19.6	17.3	5.4	5.3	4.1

（帝国書院『地理データファイル 2003年度版』より作成）

(1) 上の表の空欄A、Bに当てはまるものとして正しいものを、次の①～④の中から一つ選びなさい。

	A	B
①	船舶	肉類
②	自動車	船舶
③	自動車	肉類
④	船舶	自動車

(2) アメリカに次いで日本の輸入額が大きい貿易相手国として正しいものを、次の①～④の中から一つ選びなさい。

① 台湾　② 中国　③ オーストラリア　④ アラブ首長国連邦

☆過去問にチャレンジ！

問　次の表は、1975年と1997年の日本における各種土地利用の面積とその割合を示したものである。これを見て、下の問い(1)、(2)に答えなさい。

単位：10,000 ha (100 km²)

	1975	1997
農業用地	576 (15.3%)	504 (13.3%)
森林	2,529 (67.0%)	2,512 (66.5%)
道路	89 (2.3%)	123 (3.3%)
宅地・工業用地	124 (3.3%)	174 (4.6%)
その他	457 (12.1%)	465 (12.3%)
合計	3,775 (100.0%)	3,778 (100.0%)

(『日本国勢図会』)

(1) この期間の土地利用の変化について正しいものを、次の①～④の中から一つ選びなさい。

① 宅地・工業用地が増えたのは、ほとんどが森林の開発によるものである。
② 森林を切り開いた結果、農業用地はわずかに増えた。
③ 道路の増加分は農業用地の減少分より多い。
④ 森林の割合はこの間ほとんど変わっていない。

(2) 1997年の場合、日本の人口密度は340人/km²であるが、日本の人口がすべて上の表の「宅地・工業用地」に住んでいるとすると、「宅地・工業用地」のみの人口密度はどの程度になるか。最も近い値を、次の①～④の中から一つ選びなさい。

① 1,700　　② 7,400　　③ 10,000　　④ 68,000

(2002年度　第2回)

≪ 解説 ≫

(1) ① 農業用地も減少しており、どの土地が宅地・工業用地に利用されたのかは、この表ではわからない。
② 農業用地は減少している。
③ 農業用地の減少分が72であるのに対して、道路の増加分は34である。
④ 森林の割合は、0.5%減少しているのみである。

(2) 人口密度は一般的に1平方キロメートル（km²）あたりにいる人口の数である。人口密度に土地の面積の合計をかけると、人口は128,452,000人になる。これを「宅地・工業用地」の面積で割ると
$$128,452,000 \div 17,400 \fallingdotseq 7,382$$
となり、およそ7,400人となる。

答 ②

問　日本の農地利用についての次の文章を読み、下の問い(1)、(2)に答えなさい。

　20世紀初頭の日本では、水田に適さない農地の多くが桑畑に使用されていた。しかし、20世紀後半、桑畑の面積は次第に減少した。

(1) 桑を利用した産業として正しいものを、次の①～④の中から1つ選びなさい。

　　① 綿工業　　② 製紙業　　③ 製糸業　　④ 化学工業

(2) 桑畑だった土地は、20世紀後半、主にどのように利用されるようになったか。正しいものを、次の①～④の中から1つ選びなさい。

　　① 水田　　② 果樹栽培　　③ 放牧地　　④ 綿花栽培

(2002年　第1回)

≪ 解説 ≫
(1) 桑の葉は蚕（かいこ）の飼料として使われる。蚕は繭から絹糸を取れるため、製糸業に利用された。

答 ③

(2) 桑畑があった土地は「水田に適さない農地」であったことから、水田はあてはまらない。桑は台地や扇状地などで栽培されており、それらの土地では、みかんやぶどうなどの果樹栽培が行われている。

答 ②

10日目　近代の世界

LESSON ①　イギリス産業革命

1. 産業革命の背景

- 産業革命：1700年代後半、イギリスで生産技術の変革が起こり、大規模な工業化を果たした結果、産業のみならず経済・社会に大きな変動をもたらした。以下の背景があったことでイギリスの産業革命は他国より早く始まった。
  - → 植民地支配と重商主義：イギリスは1500年代末より広大な海外市場を確保。植民地の資源などを本国が独占して、その利益から資本を蓄積した。
  - → 重商主義：国王の支配下で、国が進んで経済に介入すること。ヨーロッパの国王たちは、財政を豊かにするために、国内産業の保護や植民地との貿易などに力を入れた。
  - → 農業革命：1700年代後半になると、囲い込みによる大規模農場の経営が始まり、土地を失った農民が都市へ流入して労働力として確保された。
  - → 市民革命：経済活動の自由が認められ、産業の活性化に好影響を与えた。

2. 繊維産業

- 木綿工業：1700年代後半にイギリス従来の毛織物産業に代わり登場。綿織物はインドからの輸入品であったが、新技術の開発によって、綿糸、綿織物の生産性が飛躍的に向上した。

●イギリスの木綿工業に関する発明

人物	ジョン＝ケイ	アークライト	クロンプトン	カートライト
発明品	飛び杼	水力紡績機	ミュール紡績機	力織機
年	1733年	1768年	1779年	1785年
内容	綿織物の生産性が向上した。	綿糸の生産性が向上した。	綿糸の生産性が向上した。	飛び杼の3.5倍の能率を持つ織物機械。

3. 動力・重工業・交通

- **蒸気機関**：ニューコメンが実用化し、ワットの改良により、機械動力として活躍した。
- **重工業**：各産業の生産を支える**機械工業**や鉄工業、石炭業が盛んになった。
- **交通革命**：1800年代前半には**蒸気船（フルトン）**や**蒸気機関車（スティーブンソン）**の発明など、機械動力によって輸送能力が向上した。

4. 世界への波及

- **世界の工場**：イギリスは「**世界の工場**」と呼ばれ、世界経済に対する支配を強めた。しかし、1800年代中頃から欧米や日本でも産業革命が進み、革命は世界に広がった。

● 各国の産業革命

国	フランス	アメリカ	ドイツ	ロシア
年代	1830年代〜	1830年代〜	1840年代〜	1860年代〜
内容	労働力と資本の不足で緩やかに進んだ。	木綿・金属機械工業を中心に発展。1860年代に完成。	国家の保護政策により重工業が発展。イギリスに迫る。	1890年代に本格化して、重工業が急速に発展。

5. 資本主義社会の登場

- **資本主義体制**：生産手段を持つ**資本家**が、**労働者**を雇って生産し利益を得るシステム。
  → **資本主義の確立**：産業革命によって大規模な工場制機械工業が登場したことで、工場を経営する者が資本家として成長した。イギリスでは産業革命に次いで資本主義が確立されたことにより、経済や都市が急速に発展した。
- **都市の発展**：産業の大規模化によって、**労働者**を中心として都市に人口が集中した。
- **社会問題**：労働者は状況改善を求める**労働運動**を起こし、資本家と対立する**労働者階級**を形成した。一方、都市化の発展による衛生や犯罪などの問題も発生。

LESSON ②　アメリカ独立革命・フランス革命

1. アメリカ独立戦争

- 独立前のアメリカ：アメリカ北東部では13のイギリス植民地が、本国の重商主義政策と課税による圧迫を受けていた。
  - →印紙法：印紙法と呼ばれる印刷物への新たな課税にアメリカ住民が反発。「代表なくして課税なし」と訴えイギリス本国に代表を送っていないアメリカには、課税に応じる義務はないと主張した。
  - →ボストン茶会事件：茶への課税に反対したアメリカ住民が、ボストン港に停泊中のイギリスの船に積まれていた茶を海に投げ捨てた事件。

この時代のアメリカの主なできごと	
1765	印紙法（翌年撤廃）
1773	ボストン茶会事件
1774	第1回大陸会議
1775	独立戦争（～83）
1776	コモン゠センス、独立宣言
1777	アメリカ合衆国が発足
1778	フランス参戦
1783	パリ条約（アメリカ独立）
1787	アメリカ合衆国憲法の制定
1789	連邦政府、連邦議会が発足

- 独立戦争：アメリカの13植民地がイギリス本国へ独立を求めて起こした戦争。
  - →大陸会議：13植民地の代表による会議。イギリスの課税拒否や独立宣言の採択などを行った。
  - →独立宣言：ジェファソン（のちの第3代大統領）の起草。基本的人権や革命権を認め、独立を宣言した。
  - →「コモン゠センス」：トマス゠ペインが植民地の独立と共和国樹立を訴えた文章。独立への世論を盛り上げた。
  - →フランスの参戦：フランスは、アメリカの独立を認めてイギリスと戦った。
  - →パリ条約：独立戦争の講和条約。イギリスは13植民地の独立と領土割譲を認めた。
- アメリカ合衆国憲法：世界初の近代的成文憲法。人民主権、連邦主義、大統領制、三権分立などを定めた。行政府として連邦政府が発足。初代大統領はワシントン。

2. フランス革命

- **アンシャン=レジーム**：国王、貴族、僧侶などが、大多数の農民や市民を支配していたフランスの旧体制。市民の成長や不満の高まりで、次第に行き詰まった。
  - → **特権身分**：多くの土地や国家の要職、特権を独占。全人口の約2％にあたる特権身分が、農民、市民を支配していた。
- **三部会**：各身分の代表による議会。175年振りに開かれ、特権身分と第三身分が対立。
  - → **国民議会**：第三身分が結成。憲法制定まで解散しないと宣言（球戯場の誓い）した。
- **革命と混乱**
  - → **バスティーユ牢獄襲撃**：パリの民衆蜂起。農民の反乱も広まった。
  - → **議会の動き**：国民議会は**封建的特権の廃止**や**人権宣言**の採択を行い、**1791年憲法**の制定後に**立法議会**に代わった。
  - → **ジロンド派**：穏和な共和主義。反革命勢力との戦争に踏み切りオーストリアに宣戦。戦争では、国を守るために自発的に参加した義勇兵が奮戦した。
  - → **フイヤン派**：立憲王政派。義勇兵らの国王の幽閉や王権停止で没落。
  - → **ジャコバン派**：急進的な共和主義。特に急進的な山岳派が

●旧体制の身分制度

```
第一身分　第二身分　　第三身分
聖職者　　貴　族　　　農民・市民
　　　特権身分
```

フランス革命史

年	月	出来事
1789	5	三部会の召集
	6	三部会から国民議会が分裂
		球戯場の誓い
	7	バスティーユ牢獄襲撃
	8	国民議会が人権宣言を採択
1791	9	憲法制定、立法議会の召集
1792	4	ジロンド派内閣、オーストリアに宣戦
	8	王権の停止
	9	国民公会の召集、王政廃止
		共和政の樹立（第一共和政）
1793	1	元国王ルイ16世が処刑される
		（この年、第1回対仏大同盟）
	6	ジャコバン派の恐怖政治が始まる
1794	7	ロベスピエールが処刑される
1795	10	新憲法制定、総裁政府の樹立

中心となり、ルイ16世の処刑やジロンド派の追放を行い、恐怖政治を行った。
- 第一共和制：国民公会が召集され、王政廃止、共和制樹立が宣言された。
  → 第1回対仏大同盟：イギリスの呼びかけで各国が反革命勢力としてフランスを包囲。
  → 総裁政府：独裁政治を行ったジャコバン派のロベスピエールが処刑されると、新憲法による総裁政府が誕生するが、混乱が続き、以後ナポレオンが台頭してくる。

●各勢力の台頭と失脚

	国王	議会	フイヤン派	ジロンド派	ジャコバン派
1789		6月 国民議会			
1790					
1791		9月 立法議会			
1792	8月 王権停止 9月 王政廃止	9月 国民公会	8月 没落	3-6月 ジロンド派内閣	このころ山岳派が中心となる
1793	1月 ルイ16世処刑			6月 議会追放	6月 恐怖政治 ↓
1794					7月 ロベスピエール処刑
1795		10月 総裁政府			

LESSON ③　アジアの植民地化・帝国主義

1. アジアの植民地化

- オスマン帝国の没落：小アジアを中心に大帝国を築いたオスマン帝国だが、1600年代末から領土が縮小。1800年代には、以下のようなできごとで没落への道をたどった。
  - →各地の民族の自立：バルカン半島の諸民族の自立。アラブ民族主義の覚醒。
  - →エジプトの分離：オスマン帝国と戦争を起こす（1830年代ごろ）。1798年、ナポレオン率いるフランス軍の侵略を受け、のちにイギリスに保護国化され植民地となった。
  - →列強の進出：ロシアとの衝突を繰り返す。クリミア戦争（1853-56年）に勝ったのち露土（ロシア-トルコ）戦争（1877-78年）に敗れ、ボスニア=ヘルツェゴヴィナなどヨーロッパ領の大半を失った。

- イギリスのインド支配：1700年代ごろから東インド会社がインドで勢力を拡大して、1800年代にはイギリスがインド全土を支配した。
  - →東インド会社：アジアの貿易を独占する会社で、アジアでの植民地拡大・支配の中心的存在。産業革命以後は商業活動が禁止され、インド大反乱のあとに解散。
  - →貿易構造の変化：インドの輸出品だった綿製品は産業革命によりイギリスの輸出品となり、インドの綿布産業は壊滅。インドは販売市場及び原料生産地となった。
  - →インド大反乱：シパーヒー（セポイ）の反乱（1857-59年）によって、全土に反乱が拡大。イギリスは反乱を鎮圧してムガル帝国を滅ぼし、東インド会社を解散（1858年）させ、直接統治に乗り出した。1877年、イギリス女王を皇帝とするインド帝国が成立。

- 列強の東南アジアへの進出：独立を保ったタイ以外は、ヨーロッパ諸国に支配された。
  - →イギリス：ミャンマー（ビルマ）をインド帝国に併合（1886年）。マレー半島も支配下に置いた。
  - →オランダ：1700年代末までに、インドネシアにオランダ領東インドを形成。コー

ヒーなどを強制的に栽培させて安価で買い上げる**強制栽培制度**で飢饉が発生。
- →フランス：ヴェトナム、カンボジアを保護国化。**インドシナ連邦**を作りラオスも編入。
- →スペイン：フィリピンを支配するが、戦争後、1898年にアメリカへ譲る。

2. 帝国主義

- **帝国主義**：産業革命を経たヨーロッパの列強は、市場や原料生産地、移民や投資の対象を確保するために植民地の拡大を目指し、各国は植民地を巡って激しく対立した。
- **アフリカ分割**：1800年代中ごろになると、ヨーロッパの列強諸国は、アフリカへの植民地拡大を目指して、お互いに争った。
  - →**スエズ運河**：1869年に開通。イギリスがエジプトから株を買収して獲得。イギリスはその後エジプトに内政干渉を行い、のちに保護国化した。
  - →**南ア戦争**：ブール人（オランダ人植民の子孫）とイギリスが戦争を起こし、勝ったイギリスは**南アフリカ連邦**を組織して、自治領を作った。
  - →**3C政策**：ケープタウン・カイロ・カルカッタを結ぶイギリスの植民地獲得戦略。
  - →**ファショダ事件**：イギリスとフランスが、スーダンのファショダで衝突した事件。アフリカでの列強同士の最初の衝突。
- **中国分割**
  - →**アヘン戦争**（1840-42年）：三角貿易でアヘンに苦しむ中国は、イギリスと戦争を起こして敗れ、香港の割譲や5港の開港などを含む不平等条約（**南京条約**）を結ばされた。
  - →**アロー戦争**（1856-60年）：イギリス・フランスが中国をや破るが、**天津条約**の締結を巡り再び戦争になり、外国公使の北京在住や11港の開港などを認めた**北京条約**を結んだ。

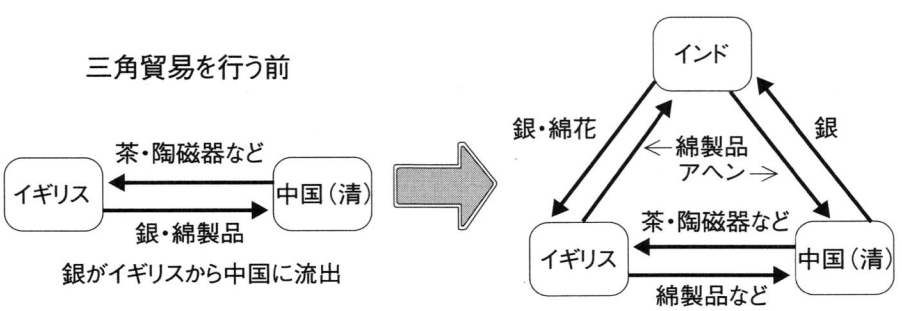

10日目　練習問題

問1 イギリスの産業革命の背景についての説明として、正しいものを次の①～④の中から一つ選びなさい。

① 重商主義政策によって、植民地に頼らない市場の確保に成功した。
② 農業革命によって、農村から安価な労働力が大量に発生した。
③ 小規模化で衰退する農業を守るための政策が、産業革命を引き起こした。
④ 鉄鋼や機械生産などの重工業の発展から、軽工業の発展につながった。

問2 産業革命の進展を表す次の年表を見て、空欄（ a ）～（ c ）に当てはまる語句の組み合わせとして正しいものを、次の①～④の中から一つ選びなさい。

1769年　アークライトが（ a ）を発明した。
1789年　（ b ）が蒸気機関による動力の改良に成功した。
1785年　カートライトが飛び杼の3.5倍の能率を持つ（ c ）を発明した。

	a	b	c
①	ミュール紡績機	ワット	綿繰り機
②	ミュール紡績機	ニューコメン	力織機
③	水力紡績機	ワット	力織機
④	水力紡績機	ニューコメン	綿繰り機

問3 次のA～Cはイギリスの産業革命の発展に関係したできごとである。これらを年代順に並べたものとして正しいものを、次の①～④の中から一つ選びなさい。

A　社会問題の発生に伴い労働者が階級として団結をはかり、労働運動が起こった。
B　農地囲い込みを行った結果、土地を失った農民が労働力として都市に流入した。
C　蒸気機関の改良によって、鉄道、海運などの分野で交通革命が起こった。

① A→C→B　　② C→A→B
③ C→B→A　　④ B→C→A

問4 いち早く産業革命に成功して、世界経済で優位に立ったイギリスの呼び名として正しいものを、次の①～④の中から一つ選びなさい。

① 世界の工場　　② 世界の革命家　　③ 世界の大国　　④ 世界の列強

問5 各国の産業革命についての説明として正しいものを、次の①～④の中から一つ選びなさい。

① 資本と労働力が豊かだったフランスは、重工業から生産性が向上した。
② 軽工業が盛んだったアメリカは、1900年代まで重工業の発展が遅れた。
③ 早くから産業革命が起こったロシアは、1830年代には重工業が急速に発展した。
④ 国家の保護政策で重工業が発展したドイツは、イギリスに迫る伸びを示した。

問6 次の文章の（ a ）～（ c ）に当てはまる語句の組み合わせとして正しいものを、次の①～④の中から一つ選びなさい。

　産業革命が起こると、都市には労働者を中心として人口が集中した。都市では、工場の経営などの生産手段を持つ（ a ）が、労働者を雇って利潤を追求する（ b ）体制が生まれる一方、衛生、物価、犯罪などの（ c ）が発生して、（ b ）の欠陥を指摘する声もあがった。

	a	b	c
①	資本家	帝国主義	労働問題
②	プロレタリアート	社会主義	労働問題
③	資本家	資本主義	社会問題
④	プロレタリアート	共産主義	社会問題

問7　アメリカ独立戦争に関する次の文章を見て、下の問い(1)、(2)に答えなさい。

　イギリスの支配を受けていたアメリカの13植民地は、本国の重商主義政策によって経済的に苦しめられていた。しかし、アメリカ住民は「1 代表なくして課税なし」と訴えて反抗を始め、13植民地の代表者は2 会議で団結を図り、本国との対立を深めた。

(1) 下線部1の理念が訴えられたきっかけとなったできごととして正しいものを、次の①～④の中から一つ選びなさい。

　　① 印紙法の制定　　② ボストン茶会事件　　③ 独立戦争　　④ 憲法の制定

(2) 下線部2の会議の名称として正しいものを、次の①～④の中から一つ選びなさい。

　　① 連邦議会　　② 国民議会　　③ 三部会　　④ 大陸会議

問8　次のA～Cはアメリカの独立に関係する文書の内容である。それぞれの文書の名称の組み合わせとして正しいものを、次の①～④の中から一つ選びなさい。

A　連邦制を採用して連邦政府を置き、人民主権や三権分立の原則を定めた。
B　本国の王政による支配からの独立と、共和国樹立の必要性を訴えた。
C　アメリカの独立を承認して、ミシシッピ川以東のルイジアナ割譲を決めた。
D　基本的人権や革命権を主張して、13植民地の独立を宣言した。

	A	B	C	D
①	アメリカ合衆国憲法	独立宣言	コモン＝センス	パリ条約
②	アメリカ合衆国憲法	コモン＝センス	パリ条約	独立宣言
③	独立宣言	パリ条約	コモン＝センス	アメリカ合衆国憲法
④	コモン＝センス	独立宣言	パリ条約	アメリカ合衆国憲法

問9 フランス革命に関する次の年表を見て、下の(1)、(2)に答えなさい。

1789	5月	三部会の召集
	6月	三部会から 1 国民議会が分裂
	7月	バスティーユ牢獄襲撃
	8月	国民議会が（ a ）を採択
1791	9月	憲法制定、立法議会の召集

(1) 下線部1の国民会議はどのような身分によって構成されたか。正しいものを、次の①～④の中から一つ選びなさい。

① 農民や市民からなる第三身分
② 貴族からなる第二身分
③ 市民や聖職者からなる第三身分
④ 領土支配者や支配地の農民からなる特権身分

(2) （ a ）はアメリカ独立宣言やルソーの思想の影響を受けてできたもので、自由や平等、国民主権や法の支配の原則などを規定している。（ a ）の名称として正しいものを、次の①～④の中から一つ選びなさい。

① 対仏大同盟　② 球戯場の誓い　③ 人権宣言　④ ジャコバン憲法

問10 フランス革命に関する次の文章を見て、下の問い(1)、(2)に答えなさい。

　1791年憲法の制定後に開かれた立法議会では、穏和な共和主義を唱える（ a ）と立憲王政派の保守的な（ b ）が対立した。（ a ）は政権を握ると1 外国へ革命戦争を起こした。これを機に国王が外国と結びつくと考えた民衆は王宮を襲撃。議会が王権を停止したため、（ b ）は没落した。

(1) （ a ）、（ b ）に当てはまる語句の組み合わせとして正しいものを、次の①～④の中から一つ選びなさい。

	a	b
①	ジャコバン派	ジロンド派
②	フイヤン派	ジロンド派
③	フイヤン派	ジャコバン派
④	ジロンド派	フイヤン派

(2) 下線部1の説明として正しいものを、次の①〜④の中から一つ選びなさい。

① （ a ）は国王に迫り、君主政のイギリスに宣戦を布告させた。
② 外国軍が国内に侵攻すると、祖国防衛のために全国から義勇兵が集まった。
③ 国王はオーストリアを武力で併合することで、勢力の回復を狙った。
④ 独立戦争で国王の支援を受けたアメリカが、反革命のためフランスに侵攻した。

問11 国民公会で勢力を握ったジャコバン派が行ったこととして**不適切なもの**を、次の①〜④の中から一つ選びなさい。

① 独裁的な体制を作りながら、恐怖政治を行った。
② ジロンド派を議会から追放して、急進的な政策を実行した。
③ 国王を処刑したのち、反革命の中心とされた王妃も処刑した。
④ 独裁政治を行おうとしたロベスピエールを議会から追放した。

問12 1792年、フランスでルイ16世の治下にあった王政を廃止して樹立した体制の名称として正しいものを、次の①〜④の中から一つ選びなさい。

① 第一共和政　② 第一帝政　③ 絶対王政　④ 第五共和政

問13 イギリスの植民地拡大に関する次の文章を見て、下の問い(1)〜(3)に答えなさい。

　東インド会社を足がかりにインドへ勢力を伸ばしていたイギリスは、産業革命を経て、海外により広大な市場を求めた。内政干渉などを行ってエジプトを植民地としたほか、南アフリカでも戦争によって植民地を拡大した。こうして植民地を増やしたイギリスは、インド、エジプト、南アフリカを結ぶ地域の獲得を目指す3C政策を掲げた。

(1) 産業革命後のイギリスとインドの貿易についての説明として正しいものを、次の①〜④の中から一つ選びなさい。

① イギリスの綿製品を輸入するようになって、インドの綿産業が打撃を受けた。
② インドでは、イギリスで消費するためのアヘンの栽培を行うようになった。
③ イギリスでは綿製品が自給できるようになり、インドとの貿易が途絶えた。
④ イギリスの綿製品はインドでは受け入れられず、イギリスの綿産業は衰退した。

(2) 次のA〜Dは、エジプトの植民地化に関係したできごとである。これらを年代順に並べたものとして正しいものを、次の①〜④の中から一つ選びなさい。

A ナポレオンによってフランス軍の侵略を受ける。
B イギリスがエジプトを保護国とした。
C スエズ運河が開通したが、イギリスに獲得される。
D エジプトとオスマン帝国との間で戦争が起きる。

① B→A→D→C　　② C→D→B→A
③ A→D→C→B　　④ D→C→A→B

(3) 3C政策の拠点として**不適切なもの**を、次の①〜④の中から一つ選びなさい。

① カルカッタ　② カイロ　③ カントン　④ ケープタウン

問14 シパーヒーの反乱後のイギリスの対インド政策として**不適切なもの**を、次の①〜④の中から一つ選びなさい。

① 東インド会社を解散させた。　② ムガル帝国を滅亡させた。
③ アヘンの生産を禁止した。　　④ インドを直接支配した。

問15 東南アジアの植民地化に関する次のA〜Dの国名として正しいものを、次の①〜④の中から一つ選びなさい。

A ヴェトナム、カンボジアを保護国にして、その後インドシナ連邦を作った。
B フィリピンを植民地とするが、戦争に敗れてアメリカに奪われた。
C 現在のインドネシアにあたる地域を植民地化して、強制栽培制度を導入した。
D ミャンマー（ビルマ）をインド帝国に併合したのち、マレー半島も保護領とした。

	A	B	C	D
①	フランス	スペイン	オランダ	イギリス
②	スペイン	フランス	イギリス	オランダ
③	オランダ	イギリス	フランス	スペイン
④	イギリス	オランダ	スペイン	フランス

問16 イギリスが行った三角貿易に関する説明として正しいものを、次の①〜④の中から一つ選びなさい。

① インドの綿製品を中国に輸出して、中国からはアヘンをインドに輸入して、それぞれの利益をイギリスが独占した。
② アヘン戦争で中国に敗れたイギリスは、中国から引き上げたアヘンをインドに輸出して利益を確保した。
③ イギリスは銀の流出を防ぐため、中国から茶の輸入を禁止して、代わりにインドからアヘンを輸入した。
④ イギリスはインドへ綿製品を輸出して、インドからアヘンを中国に輸出させ、中国から茶を輸入して銀の流出を防いだ。

☆過去問にチャレンジ！

問　19世紀の前半、インドネシアではオランダの命令によってコーヒー、サトウキビなどの作物を強制的に栽培させることが始まった。この強制栽培制度についての説明として最も適切なものを、次の①～④の中から1つ選びなさい。

① コーヒーは高い値段で輸出されたので、インドネシア農民の生活は豊かになった。
② 米作地帯で米を生産できなくなり、インドネシア農民を困らせた。
③ サトウキビは、インドネシア人が消費するために栽培された作物であった。
④ 強制栽培はオランダ農民が労働者として担った。

(2002年度　第1回)

≪ 解 説 ≫
　強制栽培制度によって作られたコーヒーやサトウキビは、オランダが安価で買い上げ、輸出して利益を上げた。ジャワ島の耕地の2割をこうした作物の栽培に当てたため、インドネシアでは米不足が起こって飢饉が続いた。

答　②

問　次のA～Dは、アメリカ独立戦争に関係した出来事である。これらを年代順に並べたものとして正しいものを、次の①～④の中から1つ選びなさい。

A　13州の代表が独立宣言を発表した。
B　ワシントンが初代大統領に就任した。
C　アメリカ合衆国憲法が制定された。
D　パリ条約でアメリカの独立が認められた。

①　A→B→D→C　　②　A→C→B→D
③　A→D→C→B　　④　C→B→A→D

(2002年度　第1回)

≪ 解 説 ≫
　アメリカ独立戦争の基本的な流れを覚えておくこと。独立宣言は独立戦争のさなかに出されたものであり、フランスはこれを認めてアメリカに軍隊を送ってイギリスと戦った。独立戦争の講和条約がパリ条約であり、植民地の本国であったイギリスがアメリカと講和して独立を認めた。アメリカ合衆国憲法の制定はそのあとの出来事で、この憲法

に基づき連邦政府が置かれ、国家元首として初代大統領にワシントンが選ばれた。

答 ③

> 問　19世紀、西洋列強のアジア進出は、さまざまな変化をアジア諸国にもたらした。その変化に関する説明として最も適切なものを、次の①〜④の中から一つ選びなさい。
>
> ①　インドは、イギリスの介入でアジアで最初の憲法を発布した。
> ②　オスマン帝国は、ロシアの支援を受けてイギリスとフランスに勝利した。
> ③　東南アジアは、サトウキビなど商品作物の栽培を放棄させられた。
> ④　中国や日本は、列強の圧力によって開港させられた。
>
> （2002年度　第2回）

≪　解　説　≫
①　アジア最初の憲法はオスマン帝国の1876年のミドハト憲法。
②　オスマン帝国は、フランスやイギリスの侵略や干渉を受けて弱体化。支配地だったエジプトはナポレオンの侵略で民族主義を刺激され、独立を許したあとのエジプトはイギリスの植民地と化した。ロシアには露土戦争で敗れ、バルカン半島を奪われた。
③　商品作物は列強の植民地支配によって促進された。
④　中国はアヘン戦争、日本はペリー来航によって開国を迫られた。

答 ④

11日目　現代の世界1

LESSON ① 第1次世界大戦

1. 列強による対立の構図

- 帝国主義国家の対立：ヨーロッパでは、帝国主義の国同士で植民地をめぐる争いが激しくなり、各国が対立したり同盟を結んだりして勢力の維持、拡大を狙った。
- 三国同盟：ドイツ・オーストリア・イタリアによる軍事同盟。1882年成立。
  - → 3B政策：イギリスの3C政策に対抗するドイツの帝国主義政策。ベルリン・ビザンティウム（イスタンブル）・バグダッドを結ぶ鉄道の建設を目指し、西アジアへの進出を狙った。
- 三国協商：イギリス・フランス・ロシアによる提携。ドイツ・オーストリアへ対抗するために、露仏同盟、英仏協商、英露協商と、それぞれが協力関係を結んだ。1907年成立。
  - → 日英同盟（1902年）：イギリスは、ロシアのアジア南下を阻むため、日本とも同盟を結んだ。

2. バルカン半島をめぐる争い

- 「ヨーロッパの火薬庫」：ヨーロッパで戦争が起こるきっかけになる地域と見られたバルカン半島の呼び名。小国の対立に加えて、ドイツやロシアが進出する標的となった。

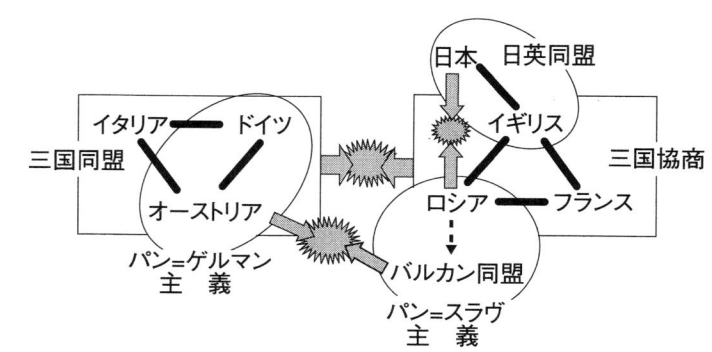

- パン＝ゲルマン主義：ドイツ系のゲルマン民族の勢力を拡大し、バルカン半島進出を目指した。
  - → ボスニア＝ヘルツェゴヴィナ併合：両地域はスラヴ系住民が多く、セルビアが併合を望んでいたが、オスマン帝国で起きた革命の混乱中に、オーストリアが併合。

セルビアとオーストリアの対立が激化。
- **パン=スラヴ主義**：ロシアを中心としたスラヴ民族の勢力拡大を目指す考え方。ロシアやセルビアがバルカン半島進出を狙った。
  - →**バルカン同盟**：セルビア・ブルガリアなどの反オーストリア同盟。ロシアが支持。
  - →**第1次バルカン戦争**：バルカン同盟がオスマン帝国を破り領土を奪った。
  - →**第2次バルカン戦争**：奪った領土の配分を巡り、ブルガリアがセルビア、オスマン帝国など各国に包囲されて大敗。ブルガリアはこののち、ドイツ・オーストリア側へ接近した。

3. 第1次世界大戦の勃発

- **サラエヴォ（サライエヴォ）事件**：セルビアの青年がボスニアの都市サラエヴォでオーストリア皇太子夫妻を暗殺。これによってオーストリアがセルビアに宣戦して、各国も続いて参戦。**第1次世界大戦**となった。
- **同盟国**：ドイツ・オーストリア・オスマン帝国。のちブルガリアが加わり4ヵ国。
- **連合国**：イギリス・フランス・ロシア・セルビア・日本など。27ヵ国に及ぶ。
  - →**日本参戦**：日英同盟を口実に連合国側で参戦。中国・太平洋のドイツ領へ進出。
  - →**イタリア参戦**：三国同盟に参加していたイタリアは、領土問題でオーストリアと対立を深め、開戦当初は中立だった。のちイギリスとの密約で連合国として参戦。
  - →**アメリカ参戦**：当初中立だったが、ドイツの**無制限潜水艦作戦**をきっかけに、連合国側で参戦。連合国側が優位に立った。
- **総力戦**：戦場での戦いだけではなく、全国民を戦争のために動員する戦い。**戦車、毒ガス、飛行機、潜水艦**などの新兵器が登場して、死傷者の数は増大するばかりだった。

4. ロシア革命と終戦

この時代の主なできごと	
1914	サラエヴォ事件 第1次世界大戦が勃発 日本参戦
1915	イタリア参戦
1917	三月革命、アメリカ参戦 十一月革命
1918	ロシア単独講和、ドイツ休戦 第1次世界大戦が終結
1919	パリ講和会議　ヴェルサイユ条約

- **ロシア革命**：三月革命によって帝政が崩壊、十一月革命で社会主義政権が生まれた。
  - →**三月革命**：食糧危機でデモやストライキが起こり、皇帝が退位して帝政が崩壊。臨時政府が成立した。
  - →**十一月革命**：レーニン率いるボリシェヴィキが臨時政府を武力で倒しソヴィエト政権を樹立した。
  - →**干渉戦争**：ソヴィエト政権がドイツと単独講和をすると、日本を中心とする連合国は革命の拡大を恐れて、反革命勢力を助けながら干渉戦争を仕掛けた。
- **ドイツ革命**：水兵の反乱から帝政が崩壊して、ドイツ共和国が成立。休戦条約を結び第1次世界大戦が終結。
- **パリ講和会議**：イギリス、フランスなどの戦勝国が同盟国との講和条件を決めた。**ヴェルサイユ条約**でドイツは植民地を失い、軍備の制限や多額の賠償金の支払いなどを課せられた。ヴェルサイユ条約によって生まれたヨーロッパの新しい体制を**ヴェルサイユ体制**という。

LESSON ② 世界恐慌

1. 世界恐慌と各国の対応

- 世界恐慌：1929年、ニューヨーク株式取引所での株価の大暴落が引き金となり、世界的な大恐慌が起こった。アメリカから資本主義各国に影響が広がり、失業、倒産が相次いだ。各国は以下のような対策で、恐慌の克服を行った。
- アメリカ：ローズヴェルト（ルーズヴェルト）大統領がニューディール政策で景気の回復に取り組んだ。
  - →農業調整法による農産物価格の安定化、全国産業復興法による生産力、購買力の回復を進め、テネシー川流域開発公社による電源開発で電力価格を下げ失業者を雇った。
- イギリス：マクドナルド挙国一致内閣によってブロック経済が進められた。
  - →ブロック経済：関税を下げることで本国と海外領土の経済関係を強め、逆に他国に対しては関税を引き上げて関係を阻害する政策。イギリスやフランスが採用した恐慌対策。
  - →オタワ連邦会議：イギリスとその自治領による恐慌克服のための経済会議。ブロック経済を採用した。
- ソ連：世界恐慌の影響を受けず、スターリンの独裁の下で社会主義経済を進めた。
  - →ソヴィエト社会主義共和国連邦：1922年に成立。以後、列強各国の承認を得る。
  - →第1次五カ年計画：農業の機械化・集団化と重工業の優先によって、工業国へ成長した。

2. ファシズムの台頭と人民戦線

- ファシズムの台頭：第1次世界大戦後の不安定な経済・社会を克服するために、対外侵略を進め、暴力によって国内の混乱を治ようとするファシズムが勢力を拡大した。
- イタリア：ファシスト（ファシスタ）党のムッソリーニがローマ進軍により政権を獲得した。

- →エチオピア侵入（1935-36 年）：恐慌の不安をそらすため侵攻。国際連盟の制裁は効果がなかった。
- ドイツ：賠償金によるインフレーションに苦しむうちに、世界恐慌の打撃を受ける。
  - →ヴァイマル（ワイマール）憲法：ドイツ共和国の憲法。当時世界で最も民主的な内容だった。しかし、敗戦の賠償金支払いや恐慌などに苦しむドイツの人々は、右翼などの反共和勢力を支持するようになった。
  - →ヒトラー：右翼の**国家社会主義ドイツ労働者党（ナチス）**を率いて勢力を伸ばす。
  - →国内政策：ヒトラーはナチスの**一党独裁**や自らの**総統就任**によって独裁を固めた。厳しい弾圧による社会統制を進めながら、ユダヤ人の迫害を行った。
  - →対外政策：再軍備、領土拡張などでヴェルサイユ体制を破壊し**国際連盟を脱退**。
- 日本：恐慌の混乱で政党が力を失い、軍部が台頭して中国への進出を進めた。
  - →**満州事変**（1931-32 年）：日本軍が中国東北部を占領して、**満州国**を建国（1932 年）。国際連盟の調査によって非難されると、日本は**国際連盟を脱退**（1933 年）して、国際社会での孤立を深めた。
- 人民戦線：政党や労働者、知識人などが反ファシズムのために結集してできた勢力。
  - →フランス人民戦線：フランスでは 1936 年、社会党党首ブルムを首相とする人民戦線内閣が生まれた。
  - →スペイン人民戦線：1931 年に王政が倒れ共和国となったスペインでは、1936 年に人民戦線内閣が生まれた。
  - →**スペイン内戦**（1936-39 年）：人民戦線政府に反対する勢力が将軍フランコを中心に反乱を起こし、内戦に発展。ドイツ、イタリアはフランコを支援するが、イギリス、フランスは不干渉の立場を取り、政府軍が敗れ、フランコ側の勝利に終わった。

LESSON ③ 第2次世界大戦

1. 枢軸国の形成

- 日独伊防共協定：ドイツ、イタリア、日本（枢軸国）による反共産主義、反ソ連の協定。のちに日独伊三国同盟に発展してアメリカ、イギリス、フランスなどと対立を深めた。

2. ナチスの侵略

- 領土拡張：オーストリアを併合、チェコスロヴァキアにズデーテン地方を割譲させ、チェコスロヴァキアを解体して力を伸ばした。
- 宥和政策：イギリスやフランスは対立を避け、ミュンヘン会談でズデーテン地方の割譲を認めた。
- 独ソ不可侵条約：ソ連とドイツが提携。
- ポーランド侵攻：ドイツ軍がポーランドに電撃戦を行い、イギリス、フランスがドイツに宣戦。第2次世界大戦が始まった。
- ドイツの進撃：フランスを破り、パリを占領。東ではソ連とポーランドを分割したが、のちに不可侵条約を破ってソ連に侵攻した。

この時代の主なできごと		
1936	11	日独伊防共協定
1937	7	盧溝橋事件
1938	3	ドイツ、オーストリアを併合
	9	ミュンヘン会談
1939	8	独ソ不可侵条約
	9	ドイツ、ポーランドに侵攻
1940	6	パリ陥落、イタリア参戦
	9	日独伊三国同盟
		日本、北部仏領インドシナに進駐
1941	4	日ソ中立条約
	6	独ソ開戦
	12	真珠湾攻撃
1942	6	ミッドウェー海戦
1943	2	ドイツ軍がスターリングラードでソ連軍に大敗
	9	イタリア無条件降伏
1944	6	ノルマンディー上陸作戦
1945	2	ヤルタ会談
	4	アメリカ軍が沖縄上陸
	5	ドイツ無条件降伏
	7	ポツダム会談（-8月）
	8	ソ連が日本に宣戦
		原爆投下、日本無条件降伏

3. 太平洋戦争 ゼッタイ覚える！

- **日中戦争**：日本軍が華北に侵略。盧溝橋事件をきっかけに中国と全面戦争になった。
- **仏領インドシナ進駐**：日本の南方進出で、アメリカ、イギリスとの対立が決定的となった。
- **日ソ中立条約**：日本は南方進出のため、北方の安全確保を目指した。
- **太平洋戦争**：日中戦争から南北進出と、戦線を拡大した日本は、1941年12月にアメリカ、ハワイの真珠湾を奇襲攻撃し、マレー半島にも上陸を開始。太平洋戦争が始まった。アメリカ、イギリスに宣戦を布告して、中国、東南アジア、太平洋など広い範囲が戦場となった。

4. 連合国の勝利

- **ドイツ降伏**：スターリングラードでソ連に大敗。西からも**ノルマンディー上陸作戦**でアメリカ、イギリスの反撃を受けた。ベルリン陥落でドイツは**無条件降伏**。
- **日本降伏**：日本は東南アジア、太平洋に勢力を拡大するが、ミッドウェー**海戦**に破れて守勢に転じる。アメリカの**沖縄上陸**、**原爆投下**、**ソ連の宣戦**などを受けてポツダム宣言を受諾し無条件降伏した。
- **ヤルタ会談**：米、英、ソ連の首脳が行った会談。敗戦後のドイツの管理方法のほか、ソ連の対日参戦、千島、樺太の領有などが決められた。
- **ポツダム会談**：ドイツ敗戦後に、米、英、ソ連の首脳が行った会談。ドイツの戦後処理のほか、日本の無条件降伏などが協議された。
    - →**ポツダム宣言**：米、英、中国（のちソ連も参加）による、日本の無条件降伏の勧告。

11日目　練習問題

問1　第1次世界大戦前のドイツとイギリスの対立についての説明として、正しいものを次の①〜④の中から一つ選びなさい。

① イギリスは3C政策によって中国への進出を目指し、アジアでの勢力拡大を進めるドイツと対立を深めた。
② イギリスはオーストリア、フランスと三国協商を結び、ドイツを国際的に包囲する戦略を進めた。
③ ドイツは植民地の再分割を求めてアメリカと同盟を結び、イギリスやフランスの植民地支配に対抗した。
④ ドイツはベルリン、ビザンティウム、バグダッドを結ぶ3B政策を掲げ、イギリスの3C政策に対抗して西アジアへの進出を狙った。

問2　次の文章を見て、下の(1)、(2)に答えなさい。

　第1次世界大戦前のバルカン半島は、「ヨーロッパの火薬庫」と呼ばれ、戦争への緊張が高まっていた地域であった。オスマン帝国の支配が弱まると、民族主義によって小国が分立する一方で、ドイツやロシアが帝国主義政策を掲げてバルカン半島への進出を狙った。

(1) ドイツとロシアのバルカン半島への進出の基本となった考え方と、それに協力した勢力の組み合わせとして正しいものを、次の①〜④の中から一つ選びなさい。

	国名	考え方	協力した勢力
①	ロシア	パン＝ゲルマン主義	オーストリア
②	ロシア	パン＝スラヴ主義	バルカン同盟
③	ドイツ	パン＝ゲルマン主義	セルビア
④	ドイツ	パン＝スラヴ主義	オスマン帝国

(2) バルカン戦争の説明として正しいものを、次の①〜④の中から一つ選びなさい。

① ブルガリアは領土争いが原因で、バルカン同盟、オスマン帝国の双方から攻撃を受けて大敗した。
② オスマン帝国はロシアの協力を得て、バルカン同盟の国々を撃退した。
③ 反ロシアを掲げたバルカン同盟は、オーストリアと協力してロシアを倒した。
④ オーストリアはバルカン半島をめぐってドイツやイタリアと戦争になり、ロシアやバルカン同盟諸国はオーストリアを支持した。

問3 第1次世界大戦が始まるきっかけとなった事件について説明した次の文中の、空欄（a）〜（d）に当てはまる語句の組み合わせとして正しいものを、次の①〜④の中から一つ選びなさい。

　（　a　）の皇太子夫妻が（　b　）を掲げる（　c　）人の青年に（　d　）で暗殺された。それを受けて（　a　）は（　c　）に宣戦を布告して戦争が起こり、両国と同盟関係にあった国々も戦争に参加して、第1次世界大戦が始まった。

	a	b	c	d
①	ロシア	パン＝ゲルマン主義	セルビア	ベルリン
②	オーストリア	パン＝スラヴ主義	セルビア	サラエヴォ
③	セルビア	パン＝スラヴ主義	オーストリア	ウィーン
④	オーストリア	パン＝ゲルマン主義	ロシア	サラエヴォ

問4 次のA〜Dは、第1次世界大戦における各国の参戦時の様子を説明したものである。説明にある国名の組み合わせとして正しいものを、次の①〜④の中から一つ選びなさい。

A　開戦前はドイツ、オーストリアと同盟を結んでいたが、オーストリアとの間で領土問題が起こり、最終的にはイギリスとの密約で連合国側として参戦した。
B　イギリスとの同盟関係を口実にドイツに宣戦して、中国、太平洋などのドイツ領に勢力を広げ、さらには中国に高圧的な要求を行って強い反発を受けた。
C　開戦当初は中立国として連合国に物資などを提供していたが、ドイツの潜水艦による無差別攻撃によって、連合国側について参戦した。
D　バルカン同盟を形成してオーストリアと対立していたが、セルビアなどから攻撃を受けたため、ドイツ、オーストリアに接近して、同盟国側で参戦した。

	A	B	C	D
①	日本	イタリア	ブルガリア	アメリカ
②	ブルガリア	アメリカ	イタリア	日本
③	イタリア	日本	アメリカ	ブルガリア
④	アメリカ	ブルガリア	日本	イタリア

問5 第1次世界大戦は国民の生産力をすべて戦争につぎ込む総力戦となったが、この戦争で本格的に登場した新兵器として、**不適切なもの**を次の①〜④の中から一つ選びなさい。

① 原子爆弾　　② 毒ガス　　③ 飛行機　　④ 戦車

問6 次のA〜Dはロシア革命に関係したできごとである。これらを年代順に並べたものとして正しいものを、次の①〜④の中から一つ選びなさい。

A　ソヴィエト政権がドイツと単独講和を行った。
B　臨時政府がレーニンらのボリシェヴィキに倒された。
C　戦争反対を掲げた蜂起が各地で相次ぎ、皇帝が捕らえられて帝政が崩壊した。
D　日本を中心とした連合国が、革命の拡大を恐れてロシア領内に攻め込んだ。

① A－C－D－B　　② C－B－A－D
③ B－C－A－D　　④ C－A－D－B

問7 次の文章を見て、下の問い(1)、(2)に答えなさい。

　1929年10月、ニューヨーク株式取引所で株価が大暴落を起こし、多くの国が巻き込まれる世界恐慌が始まった。アメリカではローズヴェルト大統領がニューディール政策を実施して経済の建て直しを図るなど、各国とも必要な対策を講じた。

(1) アメリカのニューディール政策として**不適切なもの**を、次の①〜④の中から一つ選びなさい。

① 農業調整法によって農産物の価格の安定を図った。
② ブロック経済を形成して海外領土との経済的結びつきを強めた。
③ テネシー川流域開発公社を設立して電力価格の低下と雇用の促進を行った。
④ 全国産業復興法によって生産力や購買力を高めた。

(2) 世界恐慌に巻き込まれなかった国として正しいものを、次の①〜④の中から一つ選びなさい。

① フランス　　② ドイツ　　③ 日本　　④ ソ連

問8　海外領土の拡張を目指した動きについて次のA～Cの説明と国名の組み合わせとして正しいものを、次の①～④の中から一つ選びなさい。

A　恐慌による国民の不安をそらすためにエチオピアに侵入した。
B　中国東北部を占領して満州国を建国し、さらに華北への進出を目指した。
C　オーストリアを併合して、チェコスロヴァキアのズデーテン地方の割譲を求めた。

	A	B	C
①	ドイツ	日本	イタリア
②	イタリア	日本	ドイツ
③	日本	イタリア	ドイツ
④	イタリア	ドイツ	日本

問9　第2次世界大戦の時期のドイツとソ連の動きとして正しいものを、次の①～④の中から一つ選びなさい。

① ドイツとソ連は、ポーランドの分割を禁止する不可侵条約を結んだ。
② ドイツの戦況が不利になると、ソ連は不可侵条約を無視してドイツに宣戦した。
③ ソ連はドイツと対立が深まると、日本と中立条約を結んで対ドイツ戦に備えた。
④ ドイツとソ連は日本の誘いに応じて、イタリアを含めた四ヵ国同盟を結んだ。

問10　太平洋戦争における日本の説明として正しいものを、次の①～④の中から一つ選びなさい。

① アメリカの広島、長崎への原爆投下とソ連の対日参戦で、降伏を決意した。
② ミッドウェー海戦でアメリカ海軍に壊滅的な打撃を与え、戦況が好転した。
③ 真珠湾に待機していた日本の艦隊が、アメリカ軍の奇襲を受けた。
④ アメリカとソ連の連合軍が沖縄に上陸して、激しい地上戦が行われた。

☆過去問にチャレンジ！

問　第1次世界大戦の後、世界戦争の再発を防ぐための努力が行われた。その説明として正しいものを、次の①〜④の中から1つ選びなさい。

① 1919年にヴェルサイユ条約が締結され、ドイツとロシアは軍備を完全に禁止された。
② 1920年に国際連盟が成立し、アメリカとイギリスが常任理事国となった。
③ 1922年にワシントン条約が締結され、ドイツ空軍の軍備を縮小することが決められた。
④ 1928年に不戦条約が締結され、武力による国際紛争の解決の禁止が合意された。

(2002年度　第1回)

≪ 解　説 ≫

第1次世界大戦後の国際関係を理解しておく。

① ヴェルサイユ条約はドイツと連合国の間で結ばれた。その結果、ドイツはすべての海外領土と、本国の一部の領土を失った。軍備は厳しく制限され、空軍の設置と潜水艦の保有は禁止された。また、多額の賠償金の支払いが課せられた。
② 国際連盟はアメリカ大統領のウィルソンの提言で設立されたが、アメリカは国内で反対にあって加盟しなかった。
③ ヨーロッパでイギリス・フランスを中心としたヴェルサイユ体制が成立する一方、アジアや太平洋では、**ワシントン会議**（1921-22年）によって以下の条約が結ばれ、アメリカを中心とした列強による新しい国際体制（**ワシントン体制**）が作られた。
→**ワシントン海軍軍備制限条約**：日本を含む列強の主力艦の保有比率を固定した。
→**九カ国条約**：中国の主権の尊重や門戸開放、領土保全などが約束された。
→**四カ国条約**：日本、アメリカ、イギリス、フランスの間で、太平洋での領土保全、権益の尊重が合意された。この条約を受けて、日英同盟は解消された。
④ **不戦条約**は、国際紛争を武力によらずに解決するという趣旨で、フランスの政治家ブリアンとアメリカの政治家ケロッグが提唱。フランス、アメリカを始めとして、1928年に15ヵ国が調印した。のちに63ヵ国が参加した。

答　④

12日目　現代の世界2

LESSON ① 冷戦

1. 東西対立の激化 〔ゼッタイ覚える!〕

- 冷戦の始まり：第2次世界大戦が終わると、アメリカとソ連の対立が激化。ヨーロッパは資本主義のアメリカ陣営（西側）と社会主義のソ連陣営（東側）に分断された。
- 封じ込め政策：冷戦でのアメリカの外交政策。ヨーロッパ諸国への経済援助や、東側への軍事的圧力などで、ソ連を中心とする共産主義勢力の拡大を防ごうとした。

●ヨーロッパの東西対立

西側	東側
トルーマン=ドクトリン（1947）	コミンフォルム（1947）
ギリシャ、トルコの共産化を防ぐために、アメリカが両国への支援を表明した宣言。	ソ連と東欧諸国の共産党が結成した情報交換機関。1948年にユーゴスラヴィア除名、1949年に東ドイツ加盟。1956年解散。
マーシャル=プラン（1947）	コメコン〔東欧経済相互援助会議〕（1949）
アメリカの援助によるヨーロッパの経済復興計画。ヨーロッパの共産化を防ぐために提案。西欧諸国が受け入れた。	マーシャル=プランに対抗して作られた、東側の経済協力機構。
北大西洋条約機構〔NATO〕（1949）	ワルシャワ条約機構〔WTO〕（1955）
アメリカと西欧諸国との間で結ばれた集団安全保障機構で、アメリカを中心とした反東側の軍事同盟。	ソ連を中心として、NATOに対抗して作られた東側の軍事同盟。1991年に解消。

2. ドイツの分裂 〔ゼッタイ覚える!〕

- 分割占領：敗戦後のドイツは、アメリカ・イギリス・フランス・ソ連の4ヵ国に分割占領されたのち、アメリカ・イギリス・フランスが管理する西側とソ連が管理す

る東側に分裂した。
- →**ベルリン封鎖**：ソ連が西ベルリンへの交通を遮断（1948-49年）。西側は物資の空輸で対抗した。
- →**東西ドイツの成立**：1949年、西側の管理地区は**ドイツ連邦共和国**（西ドイツ）、東側は**ドイツ民主共和国**（東ドイツ）として独立し、それぞれの陣営に加わった。
- →**ベルリンの壁**：西ドイツへの亡命者が増えたため1961年、東ドイツが東西ベルリンの境界を壁で遮断した。

3. 東ヨーロッパの民主化運動

- ポーランド：市民による反政府反ソ暴動が繰り返され、1956年には政府軍がソ連の介入を恐れ運動を鎮圧した。1980年、自由な労働組合活動が認められ、**連帯**と呼ばれる新たな組合が生まれた。
- ハンガリー：1956年、社会主義体制への不満から起こったデモが、ソ連軍の介入で鎮圧された。
- チェコスロヴァキア：1968年、政府によって**プラハの春**と呼ばれる自由化が進むが、ソ連と東欧4ヵ国の武力介入によって抑えられた。

4. 冷戦の拡大と変化

- 朝鮮半島：第2次世界大戦後、北緯38度線より北をソ連、南をアメリカが占領していたが、1948年、北で**朝鮮民主主義人民共和国**（北朝鮮）と南で**大韓民国**（韓国）が成立。冷戦の対立で分断された形になった。
 - →**朝鮮戦争**：1950年、北朝鮮が韓国に侵攻。韓国をアメリカ主体の国連軍、北朝鮮を中国の義勇軍が援護して戦ったが、現在は北緯38度線を境界として停戦中。
- 中国：1949年、**中華人民共和国**が成立。社会主義陣営に加わった。
 - →**中ソ対立・米中接近**：社会主義のあり方をめぐり中国とソ連が対立。1969年には武力衝突も起こった。1970年代には、アメリカや日本と国交を回復した。
- キューバ：1959年、アメリカの隣国キューバが**キューバ革命**で社会主義国家となる。

ソ連のミサイル基地の設置をめぐって1962年、核戦争の危機が起こる（**キューバ危機**）。
- ヴェトナム：1965年、南北ヴェトナムの対立にアメリカが武力介入して**ヴェトナム戦争**に発展。

5. 冷戦の終結

- **東欧革命**：1989年ごろから、東欧諸国で独裁政権の崩壊や民主化が相次ぎ、東欧の社会主義圏は消滅した。東ドイツは西ドイツに吸収され、**ドイツ統一**が実現した。
- **マルタ会談**：1989年、アメリカのブッシュ大統領とソ連のゴルバチョフ書記長が、地中海のマルタ島で会談を行い、**冷戦の終結**を宣言した。
- **ソ連の消滅**：1980年代後半に、ゴルバチョフがペレストロイカと呼ばれる民主化を進める改革を実現。共産党解散、独立国家共同体の成立などを経て、1991年にソ連は消滅し、ロシア連邦が引き継いだ。

6. 統合へ向かうヨーロッパ

- **ヨーロッパ石炭鉄鋼共同体（ECSC）**：1951年調印。フランス、イタリア、西ドイツなど6ヵ国。加盟国間による石炭、鉄鋼事業の経済統合を約束。
- **ヨーロッパ経済共同体（EEC）**：1957年発足。すべての産業での経済統合を目指した。西欧諸国が加盟して、アメリカへの依存から脱け出した。
- **ヨーロッパ共同体（EC）**：1967年発足。政治面なども含む広い統合を目指した。
- **ヨーロッパ連合（EU）**：1993年、欧州統合を推進するマーストリヒト条約の調印を受け、ECが発展して発足。冷戦の終結で、統合の対象は東欧諸国にも及んでいる。2002年、統一通貨としてユーロが導入された。

LESSON ② アジアとアフリカ諸民族の独立運動

1. 南アジア、東南アジア諸国の独立

- インド：ガンディーらの独立運動が実る。1947年、ヒンドゥー教徒を中心とするインドと、イスラム教徒を中心とするパキスタンに分かれ、それぞれが独立。
- ヴェトナム：1945年、ホー=チ=ミンがベトナム民主共和国の独立を宣言。
  - →インドシナ戦争：フランスは独立を認めず、ヴェトナム南部に拠点を置いて民主共和国と交戦を続けた。1949年にはフランスがヴェトナム国を発足させるが、1954年にフランス軍が大敗して北緯17度を境に休戦。
  - →ヴェトナムの分断：フランスを破った民主共和国は、ヴェトナムの統一を目指すが、フランスが拠点を置いていた南部にヴェトナム共和国が成立。北のヴェトナム民主共和国と南のヴェトナム共和国に分断した形となった。ヴェトナム戦争後、社会主義の北ヴェトナムがヴェトナムを統一した。
- マレー半島：1957年にイギリス自治領として独立してマラヤ連邦が成立。1963年、シンガポール、ボルネオとの合体でマレーシア連邦になり、1965年にはシンガポールが連邦を離れて独立した。

●東南アジア諸国の独立

国名	フィリピン共和国	カンボジア	インドネシア共和国
独立年	1946年	1949年	1949年
旧支配国	アメリカ	フランス	オランダ
その他	マルコス大統領の長期独裁（1965-86）で腐敗が進んだ。	1970年代後半にポル=ポト政権が圧政を行った。	独立を認めないオランダとの戦争を乗り切り、スカルノの指導で独立を果たした。

- 東南アジア諸国連合（ASEAN）：1967年、東南アジア諸国で結成。反共産主義軍事同盟の性格が強かったが、現在では政治、経済の協力機構となっている。

2. 西アジア・アラブの動乱

- パレスチナ：ユダヤ人とアラブ人が対立。国連によって両者への分割案が出された。
  - →イスラエル建国：1948年、ユダヤ人が国連の分割案を受け入れて建国した。
  - →中東戦争：イスラエルとアラブ諸国の戦争。4回に渡って戦争が起こり、その結果イスラエルは領土を拡大した。（→ p.97）
- エジプト：**自由将校団**のクーデターで**エジプト革命**が起こり、1953年、共和国が成立した。
  - →スエズ戦争（第2次中東戦争）：1956年、ナセル大統領がスエズ運河国有化を宣言したのを受けて、イギリス・フランス・イスラエルがエジプトに攻め込み、スエズ戦争が起こった。
- イラン：1979年に**イラン革命**。ホメイニの指導でイラン＝イスラム共和国が成立。
- イラク：1980年、イランに侵攻（イラン-イラク戦争）。1990年にはクウェートに侵攻して**湾岸戦争**に発展。

3. アフリカの独立

- フランス植民地：1956年にモロッコ、チュニジアが独立を果たした。
  - →**アルジェリア戦争**：アルジェリアはフランスに対し独立闘争を行い、1962年に独立。
- アフリカの年：1960年、アフリカで17の国が独立。「アフリカの年」と言われた。
  - →ガーナ：1957年にイギリスから独立し、1960年、黒人による初の共和国となった。
- アフリカ統一機構：1963年に成立。アフリカの諸問題を討議する機構。

4. 第三勢力の形成　ゼッタイ覚える！

- **第三勢力**：冷戦の東西両陣営につかずに中立を主張した、アジア・アフリカの新興諸国。
  - →平和五原則：1954年、インドと中国が発表した、領土主権の尊重などを定めた考

え方。
→**アジア・アフリカ会議**：1955年にインドネシアのバンドンに、アジア・アフリカ29ヵ国が集まった会議。平和共存や反植民地主義などをうたう**平和十原則**を採択。
→**国連貿易開発会議**：途上国を中心に南北間の経済問題を話し合う国際会議。

12日目　練習問題

問1　次の年表を見て、下の問い(1)〜(3)に答えなさい。

　　　1947年3月　<u>1 トルーマン=ドクトリン</u>が出される
　　　　　　6月　<u>2 マーシャル=プラン</u>が出される
　　　　　　9月　コミンフォルムが結成される
　　　1949年1月　コメコンが結成される
　　　　　　4月　北大西洋条約機構が結成される
　　　1955年5月　ワルシャワ条約機構が結成される

(1)　下線部1「トルーマン=ドクトリン」のような、アメリカの外交方針を何と言うか。正しいものを、次の①〜④の中から一つ選びなさい。

　①　封じ込め政策　　②　非同盟主義　　③　ベトナム介入　　④　先制攻撃論

(2)　下線部2「マーシャル=プラン」の説明として正しいものを、次の①〜④の中から一つ選びなさい。

　①　アメリカが提案したドイツの復興計画だが、ドイツの東側を管理していたソ連の強い反対で実現しなかった。
　②　アメリカが提案した東欧諸国への支援計画で、ユーゴスラヴィアが東側陣営から離脱してアメリカの援助を受けた。
　③　アメリカがヨーロッパに対して行った軍事介入で、東欧諸国の自由化、民主化運動が弾圧された。
　④　アメリカによるヨーロッパの経済復興計画で、西欧諸国がこれに応じてアメリカの援助を受けた。

(3)　次の機関や機構は、それぞれ東西両陣営のどちらに属するか。組み合わせとして正しいものを、次の①〜④の中から一つ選びなさい。

	コミンフォルム	コメコン	北大西洋条約機構	ワルシャワ条約機構
①	東側	西側	西側	東側
②	東側	東側	東側	西側
③	西側	西側	東側	西側
④	東側	東側	西側	東側

問2 第2次世界大戦後のドイツの状況に関する説明として正しいものを、次の①～④の中から一つ選びなさい。

① ドイツは敗戦によって、アメリカ・イタリア・フランス・ソ連の4ヵ国に分割占領された。
② 占領下のドイツは、西側諸国の管理地域とソ連の管理地域とに分断され、ベルリンも2つに分断された。
③ 占領後のドイツは冷戦による東西対立の影響を受けず、中立国として独立を果たした。
④ 冷戦の対立構造に巻き込まれたドイツは、東側がドイツ連邦共和国、西側がドイツ民主共和国として独立した。

問3 東欧の民主化運動に関する次の文章を読んで、下の問い(1)、(2)に答えなさい。

　ソ連の影響下で社会主義国として東側陣営に加わった東欧諸国は、1950年代から民衆が反ソ反政府暴動を起こすようになった。ソ連はそれらの国々に軍事介入などを行って指導者的な立場を守ろうとしたが、1990年ごろになると、民主化の波を抑えきれず、東欧諸国の社会主義政権が相次いで崩壊した。

(1) 東欧諸国での反ソ反政府暴動の説明として正しいものを、次の①～④の中から一つ選びなさい。

① ポーランドでは、ソ連軍の介入を避けるために、民衆の民主化運動を政府軍が鎮圧した。
② ハンガリーでは、反ソ暴動が鎮圧されたのち、連帯と呼ばれる新しい労働組合を結成する自由が認められた。
③ チェコスロヴァキアでは、ソ連軍の介入を退けて、プラハの春と呼ばれる民主化運動が成功した。
④ ルーマニアでは、政府と民衆がソ連批判を行ったため、ワルシャワ条約機構加盟国の軍隊が首都を占領した。

(2) 東欧諸国の社会主義政権が崩壊したきっかけとなったできごととして正しいものを、次の①～④の中から一つ選びなさい。

① ペレストロイカ　② キューバ危機
③ 湾岸戦争　　　　④ ヴェトナム戦争

問4　第2次世界大戦後の中国に関する説明として正しいものを、次の①～④の中から一つ選びなさい。

① 1960年代にアメリカと激しい論争を行い、武力衝突に発展した。
② 1949年に中華人民共和国が成立して、社会主義陣営に加わった。
③ 朝鮮戦争で大韓民国を支援するため、朝鮮半島に義勇軍を送った。
④ 冷戦の間、日本との国交回復はソ連の反対で実現しなかった。

問5　朝鮮戦争の停戦ラインはどの位置を基準としているか。正しいものを次の中から一つ選び、記号で答えなさい。

① 北緯38度　② 北緯17度　③ 東経135度　④ 南緯38度

問6　冷戦に関するアメリカの行動を説明したものとして正しいものを、次の①～④の中から一つ選びなさい。

① 革命で社会主義国となったキューバにミサイル基地を設置した。
② 朝鮮戦争で中国を中心とした国連軍と激しい戦闘を行った。
③ 台湾との結びつきを強め、1990年代まで中華人民共和国を承認しなかった。
④ ヴェトナムの紛争に武力介入したが、成果をあげることなく撤退した。

問7　アメリカとソ連が会談を行い冷戦の終結を宣言した地名として正しいものを、次の①～④の中から一つ選びなさい。

① ヤルタ　② ワルシャワ　③ マルタ島　④ モスクワ

問8　次のA～Dはヨーロッパの統合を目指す組織の名称である。これらを成立した年代順に並べた組み合わせとして正しいものを、次の①～④の中から一つ選びなさい。

A　ヨーロッパ共同体
B　ヨーロッパ連合
C　ヨーロッパ経済共同体
D　ヨーロッパ石炭鉄鋼共同体

① C→B→D→A　② D→C→A→B
③ B→D→A→C　④ A→D→C→B

問9 次のA～Dの説明に対する国名の組み合わせとして正しいものを、次の①～④の中から一つ選びなさい。

A 旧支配国だったイギリスから独立を果たし、その後、黒人による史上初の共和国が成立した。
B ホー＝チ＝ミンの指導で、独立に反対したフランスを破り休戦条約を結ぶが、フランス撤退後も国家は南北に分裂した状態が続いた。
C ガンディーらの独立運動によってイギリスからの独立を果たすが、イスラム教徒が多いパキスタンは分かれて独立した。
D ユダヤ人とアラブ人との対立が続いていたパレスチナで、国連による分割案が出され、それに応じたユダヤ人によって建国された。

	A	B	C	D
①	イスラエル	ヴェトナム民主共和国	ガーナ共和国	インド
②	インド	イスラエル	ヴェトナム民主共和国	ガーナ共和国
③	ガーナ共和国	インド	ヴェトナム民主共和国	イスラエル
④	ガーナ共和国	ヴェトナム民主共和国	インド	イスラエル

問10 アフリカで17の独立国が誕生した「アフリカの年」とは、西暦何年のことか。正しいものを、次の①～④の中から一つ選びなさい。

① 1945年　② 1960年　③ 1990年　④ 2000年

問11 アジア・アフリカ会議で採択された平和十原則の内容として**不適切なもの**を、次の①～④の中から一つ選びなさい。

① 反植民地主義　② 平和共存　③ 帝国主義の容認　④ 主権の保全

☆過去問にチャレンジ！

問　次の年表は、第2次世界大戦後の世界の新しい動きを示したものである。これについて、下の問い(1)～(4)に答えなさい。

1955年　1第1回アジア・アフリカ会議（バンドン）
1960年　（　a　）の17か国が独立
1961年　第1回2非同盟諸国首脳会議（ベオグラード）
1964年　3国際貿易開発会議を創設（以後ほぼ4年ごとに開催）
1974年　新国際経済秩序樹立が宣言される（国際連合）

(1) 下線部1「第1回アジア・アフリカ会議」について、この会議で確認された原則は何か。正しいものを、次の①～④の中から一つ選びなさい。

　① 非核三原則　　② 自由貿易　　③ 平和十原則　　④ 最恵国待遇

(2) 空欄(a)にはどのような地域が入るか。適切なものを、次の①～④の中から一つ選びなさい。

　① アフリカ　　② アジア　　③ 中南米　　④ ヨーロッパ

(3) 下線部2「非同盟諸国首脳会議」について、なぜ「非同盟」という言葉が使われたのか。最も適切なものを、次の①～④の中から一つ選びなさい。

　① 先進国、発展途上国のどちらにも属さないので。
　② アメリカとソヴィエトのどちらの陣営にも属さないので。
　③ ヨーロッパにも、また南北アメリカにも属さないので。
　④ 産油国にも非産油国にも属さないので。

(4) 下線部3「国連貿易開発会議」について、この会議の議題を、次の①～④の中から一つ選びなさい。

　① 先進国による輸出の拡大　　② 特恵関税の廃止
　③ 一次産品の価格の安定　　　④ 自由貿易の推進

(2002年　第2回)

≪ 解　説 ≫

(1) アジア・アフリカ会議で採択されたのは、平和十原則。非核三原則は日本の核に関する政策。自由貿易や最恵国待遇については、各国間の取り決めやほかの国際会議でのテーマになる。

●平和十原則

基本的人権と国連憲章の尊重	主権と領土の保全	人種と国家間の平等	内政不干渉	自衛権の尊重
集団防衛の排除	武力侵略の否定	国際紛争の平和的解決	相互協力の促進	正義と義務の尊重

答　③

(2) 1960年は「アフリカの年」と呼ばれている。この年、アフリカで17もの独立国が誕生したことから、そう呼ばれるようになった。

答　①

(3) 冷戦時代の主要な対立軸を考えればよい。アメリカを中心とする資本主義の西側陣営と、ソヴィエトを中心とする社会主義の東側陣営が鋭く対立した。アジア、アフリカ、南アメリカ諸国は、この対立から離れた中立の立場で団結を強めた。

→非同盟諸国首脳会議：1961年（第1回）アジア、アフリカ、南アメリカ諸国を中心に代表が集まり、ユーゴスラヴィアのベオグラードで開催された。ユーゴスラヴィアは、東欧の社会主義国でありながら、ソヴィエトとは距離を置いて独自の路線を歩んでいた。

答　②

(4) やや難問である。国連貿易開発会議は、世界経済における発展途上国の立場を配慮するために開かれた会議であることから、発展途上国にとって利益になるものを選択肢から選べばよい。発展途上国は農産物や鉱業など、一次産業による生産物を輸出しているので、一次産品の価格の安定が利益につながる。

答　③

13日目　近現代の日本1

LESSON ① 明治維新

1. 開国から倒幕へ（1850〜60年代）

- 江戸時代の外交：1600年代から1800年代の日本は、オランダなど一部の国を除いて、国交を結んだり交易を行うことを拒否する政策を採っていた。しかし、1800年代になると、アメリカ、ロシアなどが交易を求めて日本に接近するようになった。
- 開国：アメリカからペリーが浦賀に来航。日米和親条約を結んだ。その後、日米修好通商条約を結び、裁判や貿易の取り決めを行ったが、領事裁判権を認め、関税自主権のない日本に不利な不平等条約だった。諸外国ともほぼ同じ条約を結んだ。
  - →領事裁判権：事件を起こした外国人が、その本国の裁判を受ける権利。
  - →関税自主権：関税の税率を決める権利。
- 尊王攘夷：天皇中心の政治（尊王）と、外国人を追い出す運動（攘夷）を指す。
- 倒幕：尊皇攘夷は幕府を倒す運動につながり、幕府は政権を天皇に返した。
  - →公武合体：天皇（公）と幕府（武）が手を結ぶことで幕府の力を維持する政策。天皇の妹の和宮を将軍と結婚させるなどしたが、勢力は回復できなかった。
  - →攘夷の失敗：攘夷運動に積極的だった薩摩藩や長州藩は外国と戦争を起こして敗れ、攘夷は無理だと悟り、幕府を倒して新しい体制を作ることを目指した。
  - →薩長連合：薩摩藩と長州藩が幕府を倒すために結んだ同盟。坂本竜馬らのあっせん。

この時代の主なできごと

1853	ペリーが浦賀に来航
1854	日米和親条約
1858	日米修好通商条約
1862	和宮と将軍が結婚
1863	薩摩とイギリスが戦争（薩英戦争）
1864	長州が4ヵ国の艦隊に砲撃される
1866	薩長連合が成立
1867	大政奉還、王政復古の大号令
1868	五箇条の御誓文、政体書 戊辰戦争が始まる（〜69）
1869	版籍奉還が行われる
1871	廃藩置県が行われる 岩倉使節団を欧米に派遣

→ 大政奉還：幕府の最後の将軍、徳川慶喜が政権を天皇に返した。

2. 幕府の滅亡と新政府の樹立（1860〜70年代）

- 戊辰戦争：領地の返上などを求められた幕府は、薩長を中心とする新政府と戦うが敗退。
  → 鳥羽・伏見の戦い：1869年、大坂の旧幕府軍が京都で薩長を中心とする新政府軍と戦い敗れる。
  → 江戸開城：京都で旧幕府軍を破った新政府軍は、東へ進軍して江戸攻撃を計画。旧幕府側は交渉によって江戸城を明け渡した。
  → 五稜郭の戦い：榎本武揚ら旧幕府勢力は箱館の五稜郭に立てこもって抗戦を続けたが、新政府軍に敗れた（1869年）。

- 新政府の樹立：天皇を頂点とする新しい政府の原動力となったのは、薩長などの下級武士であった。
  → 王政復古の大号令：幕府などを廃止して、天皇による政治の復活を宣言した。
  → 五箇条の御誓文：開国和親（西洋の強国と親しくすること）、公議世論（議会で意見を聞くこと）の尊重などの新政府の基本方針。
- 政体書：新政府の政治組織を定めた。三権分立などを採用したが、不徹底に終わった。
  → 版籍奉還：藩主が支配していた藩の土地と人民を返上。
  → 廃藩置県：藩を廃止し府や県を設置。藩主に代わって、府知事・県令が置かれた。
- 年号：天皇一代につき年号を一つに定める一世一元の制が定められ（1868年）、年号が明治に改められた。
- 東京遷都：江戸を東京と改名して（1868年）、天皇を京都から移し、事実上日本の首都とした。
- 四民平等：身分制度。公家や大名ら旧支配層は華族、武士は士族、ほかは平民とした。
- 岩倉使節団：不平等条約を改正するため、政府は岩倉具視らを欧米に送ったが失敗。

3. 富国強兵と文明開化（1870年代）

- **富国強兵**：欧米に追いつくため、経済の発展と軍備の増強を目指した。
- **殖産興業**：政府が事業を起こしながら産業を育成。（→ p.188）
- **徴兵令**：満20歳以上の男子に適用された。
- **周辺地域への対応**
  - →**日清修好条規**：清と結んだ日本にとって初の対等条約。
  - →**日朝修好条規**：日本の軍艦が朝鮮で砲撃された事件（**江華島事件**）の後に朝鮮と結ばれた。日本に有利な不平等条約。
  - →**台湾出兵**：琉球の漁民が殺害された反撃として、日本軍が台湾に出兵した事件。
  - →**琉球処分**：清と薩摩藩に属していた琉球王国を日本に併合。沖縄県を設置。
  - →**樺太・千島交換条約**：ロシアと領土を確定。樺太をロシア領、千島を日本領とした。
  - →**征韓論**：武力で朝鮮に勢力を伸ばす考え。西郷隆盛らが唱えたが退けられ、西郷らは政府を去る。
- **地租改正**：地価の3％の金額を税金として治める制度。**地租改正反対一揆**（農民の反抗）が起こり税率が下げられた。
- **北海道の開拓**：**開拓使**を設置。開拓を行いながらロシアへの警備についた農民の兵を**屯田兵**という。
- **諸制度の整備**：**前島密**が立案した郵便制度、**新貨条例**による貨幣の統一など。
- **文明開化**：西洋の生活習慣を取り入れ、近代的思想や学問が生まれた。

この時代の主なできごと

年	できごと
1869	北海道に開拓使を設置
1871	日清修好条規
	新貨条例、郵便制度開始
1872	学制の開始
	徴兵令
1873	征韓論が退けられる
	地租改正
1874	台湾出兵
1875	江華島事件
	樺太・千島交換条約
1876	日朝修好条規
	（このころ、地租改正反対一揆）
1879	琉球処分

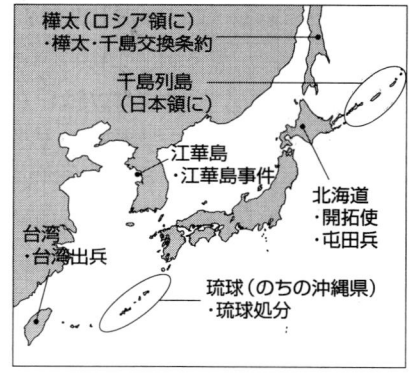

- →学制：近代的な学校を全国に設置。私学でも**福沢諭吉**の**慶応義塾**などが作られた。
- →生活習慣の変化：**太陽暦**の採用、**ざんぎり頭**（ちょんまげを切り落とした髪型のこと）、**ガス灯**（ガスによる街灯）、**人力車**（車夫と呼ばれる人が引っぱる乗用の二輪車）、**煉瓦造り**（煉瓦で造られた建物）など。
- →宗教：神道を国教とした。仏教は排斥（**廃仏毀釈**）。キリスト教は当初禁止されのちに黙認。

LESSON ② 近代日本の立憲政治と産業革命

1. 士族の反乱と自由民権運動（1870～80年代）

- **士族反乱**：特権を奪われ没落した士族が起こした反乱。征韓論を唱えて政府を去った人物が中心とされ、**江藤新平**は**佐賀の乱**、**西郷隆盛**は**西南戦争**で戦い、政府軍に敗れた。
- **自由民権運動**：藩閥政府の打破や国会の開設などを要求した政治運動。
  - →**藩閥政府**：明治維新を進めた薩摩や長州の出身者が要職を独占した政府。
  - →**民撰議院設立の建白書**：**板垣退助**らによる藩閥政治の打破を目指した国会開設の要求。自由民権運動の始まりとなった。
  - →政府の弾圧：**新聞紙条例**（政府を攻撃する新聞・雑誌の処分）、**讒謗律**（官僚批判の禁止）などの言論統制や、集会・結社の活動を制限する**集会条例**などで自由民権運動の弾圧を行った。

2. 憲法制定と国会開設（1880～90年代）

- 国会開設への動き：自由民権運動を進める民権派によって**国会期成同盟**ができるなど運動が高まった。
  - →**国会開設の勅諭**：政府は批判を避けるために、天皇の名で国会の開設を約束した。

この時代の主なできごと	
1872	富岡製糸場が開設
1874	民撰議院設立の建白書
	佐賀の乱
1875	立憲政体樹立の詔
	讒謗律、新聞紙条例
1877	西南戦争

187

→政党の結成：板垣退助の**自由党**、大隈重信の**立憲改進党**などが結成された。
- **反政府運動の激化**：農民らが自由党と結び蜂起。**福島事件**（土木工事反対運動）、**加波山事件**（県令暗殺計画）、**秩父事件**（減税要求）などが相次いだ。
- **大同団結運動**：民権派の統一的な反政府運動。言論の自由、地租軽減、外交の失敗の挽回を訴えた**三大事件建白運動**と結びつく。政府は**保安条例**で弾圧。
- **憲法制定への動き**：政府は**立憲政体樹立の詔**を出し行政機関を改革した。民間でも憲法案（**私擬憲法**）が出された。
  →**諸制度の整備**：憲法制定に先立って、**内閣制度**、天皇の最高諮問機関である**枢密院**などを設置。華族の身分や特権を保障する**華族令**も制定された。
  →**大日本帝国憲法**：天皇主権の欽定憲法。
  →**帝国議会**：憲法に定められた立法機関だが、天皇に協力するための機関で権限は弱かった。

1880	国会期成同盟
	官営事業払い下げ開始
1881	自由党が結党
	国会開設の勅諭
1882	福島事件
	立憲改進党が結党
1884	加波山事件、秩父事件
	華族令
1885	内閣制度が始まる
1886	大同団結運動（～89）
1887	三大事件建白運動
	保安条例
1888	枢密院の設置
1889	大日本帝国憲法が発布
	東海道線が全線開通
1894	日清戦争（～95）
1901	八幡製鉄所が操業開始
1904	日露戦争（～05）
1906	鉄道国有法

3. 産業革命

- **産業革命**：機械や動力の発達による工業生産の変革。日本では製糸・紡績などの軽工業に次いで、製鉄などの重工業で革命が起こった。製糸、紡績は明治期の主要な輸出産業に成長した。
  →**製糸業**：繭から生糸を取る。1909年に輸出量が世界最高になった。
  →**紡績業**：綿から綿糸を取る。当初は輸入していたがのちに輸出が上回った。
  →**富岡製糸場**（群馬県）：官営（政府の運営）の製糸の工場。器械製糸の技術を導

入した。
- →**八幡製鉄所**（福岡県）：官営の製鉄所。国内の生産量の8割を占めた。
- **官営事業払い下げ**：官営の工場などを民間に払い下げた政策。
- **鉄道の開通**：東海道線（東京―神戸）が全線開通。民間の鉄道会社でも建設ブームが起きる。
- →**鉄道国有法**：この法律によって大部分の鉄道が国有化された。
- **財閥の形成**：一族の資本独占で結びつく経営の仕組み。政治と結びつき、官営事業の払い下げなどを受けて力を伸ばした。三井・三菱・住友・安田が四大財閥とされた。

4. 日清・日露戦争

- **日清戦争**：朝鮮半島の支配をめぐる日本と清の戦争。朝鮮での農民の反乱をきっかけに両国が朝鮮に出兵して武力衝突が起こった。日本の勝利で終戦。
  - →**下関条約**（1895年）：日本と清の講和条約。清には賠償金や中国東北部の遼東半島の割譲などが課せられた。
  - →**三国干渉**（1895年）：日本の大陸進出を恐れたロシア、フランス、ドイツが、日本に遼東半島の返還を要求。欧米に対抗する力がなかった日本は、要求を受け入れた。
- **日露戦争**：朝鮮半島から満州にかけての支配をめぐる日本とロシアの戦争。旅順、奉天（今の瀋陽）の占領や日本海海戦の勝利で、日本に有利な戦局となったところで終戦。
  - →**ポーツマス条約**（1905年）：アメリカ大統領ローズヴェルトの仲介で結ばれた講和条約。ロシアには長春-旅順間の鉄道や樺太の南半分の割譲のほか、朝鮮半島から手を引くことなどが課せられたが、日本は賠償金を取れなかった。

13日目　練習問題

問1　次の文章を読んで、下の問い(1)、(2)に答えなさい。

　1853年、アメリカからペリーが軍艦を率いて浦賀に来航すると、江戸幕府は翌年、日米和親条約を結んだ。次いで1858年には日米修好通商条約を結び、不平等条約ながらも貿易や裁判などの取り決めがなされた。諸外国とも同様の条約を結び、200年以上にわたる日本の鎖国政策は終わりを告げた。

(1)　このときアメリカと同様の条約を結んだ国として**不適切なもの**を、次の①〜④の中から一つ選びなさい。

　① フランス　② オランダ　③ 中国　④ ロシア

(2)　不平等条約の内容として正しいものを、次の①〜④の中から１つ選びなさい。

　① 関税自主権が双方に認められたが、日本からの輸出は禁止された。
　② 相手国の領事裁判権が認められず、外国人の犯罪は日本の裁判にかけられた。
　③ 日本で砲撃を受けた外国船には、無差別に反撃できる権利が認められた。
　④ 日本には関税自主権が認められず、輸出品の税率を独自に決められなかった。

問2　次の年表を見て、下の問い(1)、(2)に答えなさい。

1863年	a 長州藩が外国船を砲撃する
1864年	４ヵ国の軍艦が長州の下関を砲撃、占領する
1866年	（　b　）
1867年	徳川慶喜が大政奉還をする

(1)　下線部aのできごとの原因になった、外国の勢力を日本から追い払う思想を表す言葉として正しいものを、次の①〜④の中から一つ選びなさい。

　① 尊王　② 開国　③ 攘夷　④ 倒幕

(2) 4ヵ国の軍艦に攻撃を受けた長州藩は、このあとどのような行動に出たか。(b)に当てはまる説明として正しいものを次の①〜④の中から一つ選びなさい。

① 幕府と協力して、外国と貿易を行った。
② 幕府を倒すため、薩摩藩と連合を組んだ。
③ 天皇と協力して、薩摩藩を倒した。
④ 幕府を助けるため、徳川慶喜を将軍にした。

問3　明治維新のときに、新政府が行った政策として正しいものを、次の①〜④の中から一つ選びなさい。

① 版籍奉還を命じて、藩が支配していた土地と人民を返上させた。
② 五箇条の御誓文を出して、尊皇攘夷と公議世論の尊重を宣言した。
③ 岩倉使節団を欧米に送って、不平等条約を改正した。
④ 戊辰戦争を行ったが、各地で旧幕府軍に敗れた。

問4　明治時代の身分制度による人口の割合を示した次の表で、(a)、(b)に当てはまる語句の組み合わせとして正しいものを、次の①〜④の中から一つ選びなさい。

(a)	士族	(b)	その他	合計
2,822	1,488,953	30,999,535	640,215	33,131,525

(1872年の人口)

	a	b
①	華族	農民
②	華族	平民
③	平民	華族
④	農民	平民

問5 明治初期の日本の周辺地域への政策として正しいものを、次の①〜④の中から一つ選びなさい。

① 琉球王国を日本に帰属させ、沖縄に開拓使を設置した。
② ロシアと条約を結び、北海道と樺太を交換した。
③ 清国と対等な条約を結んだ。
④ 征韓論に反対した勢力が、政府から追放された。

問6 明治初期に西洋の文化や生活習慣を取り入れ、思想などの近代化が起こった動きを何と言うか。正しいものを次の①〜④の中から一つ選びなさい。

① 廃仏毀釈　　② 四民平等　　③ 開国和親　　④ 文明開化

問7 次のグラフは、1870年代の政府歳入に対する、地租（所有する土地の値段に対してかかる税金）が占める割合を示したものである。これを見て、下の問い(1)、(2)に答えなさい。

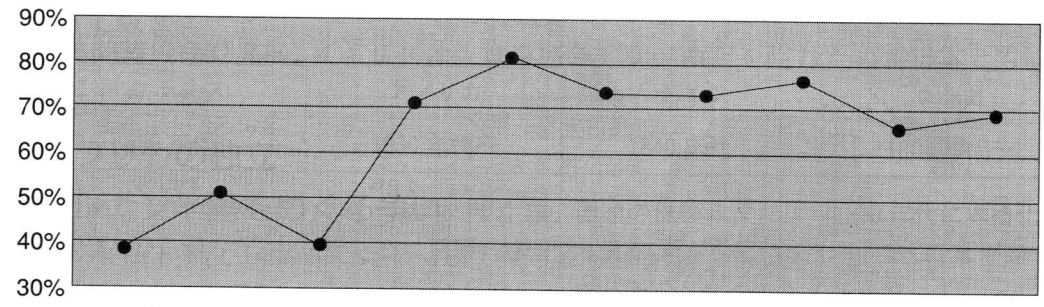

（安藤良雄編『近代日本経済史要覧　第2版』東京大学出版会による）

(1) 1873年に割合が急激に増えた背景の説明として正しいものを、次の①〜④の中から一つ選びなさい。

① 地租改正があり、地租の税率が3％に定められた。
② 北海道の開拓が進み、土地の所有者が急激に増えた。
③ 廃藩置県によって、地租以外の収入がほとんどなくなった。
④ 士族の土地購入が進み、土地の値段が急激に上昇した。

(2) 地租は農民の激しい抵抗にあって税率が下げられた。このとき「竹槍でドンと突き出す二分五厘」とうたわれたが、歳入にその影響が出たのは何年ごろのことか。正しいものを、次の①～④の中から一つ選びなさい。

① 1870 年　　② 1872 年　　③ 1875 年　　④ 1878 年

問8　憲法制定や国会開設をめぐる動きについての説明として正しいものを、次の①～④の中から一つ選びなさい。

① 民間でも私擬憲法と呼ばれる草案を作る動きが広まった。
② 政府は憲法制定後に、内閣制度や枢密院を整備した。
③ 政府は、板垣退助らが起した自由民権運動を積極的に支援した。
④ 各地で立憲改進党の党員が農民と結びつき、暴力事件を起こした。

問9　綿糸の貿易について示した次のグラフの説明として正しいものを、次の①～④の中から一つ選びなさい。

単位：1000 トン	1894 年	1895 年	1896 年	1897 年	1898 年	1899 年
輸入量	9.6	8.8	12.0	9.7	9.6	4.9
輸出量	2.1	2.1	7.8	25.2	41.3	61.4

（三和良一『概説日本経済史　近現代　第2版』東京大学出版会による）

① この期間を通じて、輸出量、輸入量とも増加している。
② 1896 年までの間は、輸入量は減り続けている。
③ 1890 年代後半には、輸入量が輸出量を上回った。
④ 1897 年には、輸出量が輸入量を上回った。

問10　生糸の生産、輸出について示した次のグラフの説明として正しいものを、次の①～④の中から一つ選びなさい。

	1880 年	1885 年	1890 年	1895 年	1900 年
生産量（t）	1,999	1,905	3,255	6,012	6,584
輸出量（t）	877	1,474	1,266	3,486	2,779
アメリカ向け輸出の割合	37.6%	53.8%	66.0%	57.6%	57.1%

（三和良一『概説日本経済史　近現代　第2版』東京大学出版会による）

① 1895年には生産量のおよそ3分の1をアメリカに輸出している。
② 生産量に対する輸出量の割合が最も少ないのは1880年である。
③ アメリカ向けの輸出量が最も多いのは1890年である。
④ 生産量の増加がもっとも大きいのは1895年から1900年の間である。

問11 日本の産業革命の説明として正しいものを、次の①〜④の中から一つ選びなさい。

① 1870年代には鉄鋼の生産が盛んになり、八幡製鉄所が操業を開始した。
② 製糸・紡績業は官営事業が失敗したため、輸出産業にはならなかった。
③ 官営による工場などが各地に建設され、のち民間へ払い下げられた。
④ 産業革命は初め海産物生産で最も機械化が進み、のちに重工業へ発展した。

☆過去問にチャレンジ！

問　次の表は19世紀末日本の輸出入額の品目別構成比についての表である。この表を見て、下の問い(1)～(3)に答えなさい。

輸出額の品目別構成比（合計：100％）

	生糸	緑茶	水産物	米	綿糸	絹織物	石炭	その他
1882年	43.1	18.2	5.2	4.4	──	──	──	29.1
1897年	34.1	4.6	──	──	8.2	6.0	5.2	41.9

（1882年総額3772万円，1897年総額1億6314万円）

輸入額の品目別構成比（合計：100％）

	綿糸	砂糖	綿織物	毛織物	石油	綿花	米	機械類	鉄類	その他
1882年	22.2	15.1	14.6	8.9	7.9	──	──	──	──	31.3
1897年	4.4	9.0	4.4	4.4	──	19.9	9.8	8.0	4.1	36.0

（1882年総額2945万円，1897年総額2億1930万円）『日本貿易精覧』東洋経済新報社による

(1) この時期の貿易構造の変化についての説明として正しいものを、次の①～④の中から1つ選びなさい。

① 生糸と緑茶はこの時期を通じて2大輸出商品でありつづけた。
② 綿糸と砂糖はこの時期を通じて2大輸入商品でありつづけた。
③ 綿糸の輸出額は輸入額を上回った。
④ 綿糸の輸入額は輸出額を上回った。

(2) この時期の輸出品目の状況についての説明として正しいものを、次の①～④の中から1つ選びなさい。

① 生糸の輸出は活発であった。
② 綿糸の輸出は衰退した。
③ 緑茶の輸出は半減した。
④ 石炭の輸出は弱まった。

(3) この時期に特徴的に発展した事態についての説明として正しいものを、次の①～④の中から1つ選びなさい。

① 水力発電から火力発電へのエネルギー革命が進展した。
② 石炭から石油へのエネルギー革命が進展した。
③ 重工業における産業革命が進行した。
④ 軽工業における産業革命が進行した。

(2002年度 第1回)

≪ 解 説 ≫

(1) ① 輸出額の表を見る。1882年には生糸、緑茶が1位、2位となっているが、1897年には綿糸が2位となっており、緑茶は5位に落ちている。
② 輸入額の表を見る。1897年には砂糖は3位、綿糸は5位に落ちている。
③・④ 輸入額と輸出額の表を見て、綿糸の部分を比べてみる。1882年には輸入が22.2%で輸出がなく、この年は輸入額の方が上回っている。1897年では輸出が8.2%で輸入が4.4%で、これを金額に直すと、

輸出額：1億6314万円×8.2÷100≒1338万円
輸入額：2億1930万円×4.4÷100≒ 965万円

となり、輸出額の方が上回っている。
この時期の産業として、紡績業が急速に発展したことを知っていれば、表を見たり計算をしなくても解ける問題である。

答 ③

(2) ① 生糸の輸出は、1882年、1897年とも圧倒的に多かった。
② 綿糸の輸出は1882年にはなく、1897年に8.2%まで増えた。
③ 緑茶の輸出は割合では18.2%から4.6%と4分の1まで落ち込んでいるが、総額が4倍以上に伸びているので、金額ではあまり変化していない。
④ 石炭の輸出は1882年にはなくて、1897年に5.2%まで増えた。

答 ①

(3) ①や②は、いずれも第2次世界大戦後に起こった変化である。明治期の産業革命は、1880年代以降は製糸・紡績を中心とする軽工業、1900年代以降には鉄鋼などの重工業で起こった。富岡製糸場（1872年）、八幡製鉄所（1901年）が操業を開始した年を覚えておくとよい。表で見ると、生糸、綿糸、絹織物の輸出額がいずれも増加していることから、軽工業が盛んになったことがわかる。重化学では、機械類、鉄類の輸入額が増えていることから、海外へ依存していたことがうかがえる。

答 ④

14日目　近現代の日本2

LESSON ① 戦後改革（1945～50年ごろ）

1. GHQの占領と旧支配層の解体

- 日本の占領：第2次世界大戦に敗れた日本は、連合国軍に占領された。連合国軍最高指令官総司令部（GHQ）の間接統治を受け、総司令官のマッカーサーが改革の指令を出した。
- 天皇の人間宣言：昭和天皇は、戦前に作られた神としての天皇の存在を否定した。
- 旧支配者の追放：戦争を起こした人物が追放を受けた。
  - →極東国際軍事裁判：東条英機ら戦争を起こした人物をA級戦犯として裁判にかけた。
  - →公職追放：戦争に協力的だった人物を、議員、役人、財界などの公職から追放した。
- 財閥解体：財閥による資本の独占は禁止され、財閥の一族も追放された。
  - →過度経済力集中排除法：業界の中で経済力を独占する企業を分割する法律。
  - →独占禁止法：企業の結合による経済力の独占や、不公正な取引を禁止する法律。
- 農地改革：政府が地主から強制的に土地を買い上げる政策。地主が支配していた土地の大部分が解放され、地主が小作人に土地を貸して小作料を取る寄生地主制は解体した。

2. 民主化政策

- 五大改革指令：マッカーサーが出した民主化の指令。

指令	行われた改革	社会の動き
婦人の解放	・新選挙法(1945)：満20歳以上の男女に選挙権を与え、婦人参政権を認める。	・新選挙法による総選挙で39名の婦人代議士が誕生。(1946)
労働組合の結成	・労働組合法(1945)：労働三権（団結権、争議権、団体交渉権）の保障など。 ・労働関係調整法(1946)：争議方法など。 ・労働基準法(1947)：労働時間・休暇の基準や女性や子どもの深夜就業禁止など。	・全国組織として、全日本産業別労働組合会議、日本労働組合総同盟が結成される。(1946) ・二・一ゼネストが計画されるが、GHQの指令で中止。(1947)
教育の自由主義化	・教育基本法(1947)：教育の機会均等、義務教育、男女共学などを定めた。 ・学校教育法(1947)：六・三制を定め、小学校6年、中学校3年、高等学校3年、大学4年と基本的な修学年数を定めた。 ・教育委員会の設置。(1948)	・歴史などの授業が停止。教科書の不都合な箇所に墨が塗られた。 ・アメリカ教育使節団が来日。(1946)
圧政的諸制度の撤廃	・言論、思想を統制してきた特別高等警察、治安維持法の廃止(1945) ・民法改正(1947)：封建主義的な内容を改め、男女平等を盛り込んだ。	・政治犯が釈放され、日本共産党などが活動を再開。(1945)
経済の民主化	・独占禁止法(1947)、過度経済力集中排除法(1947)、財閥解体（1945〜）	・食糧不足で、都市生活者が農村へ買出しに出た。

3. 日本国憲法の制定と政党政治の復活

・日本国憲法の制定：GHQの草案を受けて1946年公布。1947年施行。
・政党政治の復活：1945年に主に以下の政党が活動を始めた。

政党名	日本自由党	日本進歩党	日本社会党	日本共産党
党首	鳩山一郎	町田忠治	片山哲	徳田球一
経緯	衆議院で第一党になるが、鳩山が公職追放となり吉田茂が跡を継ぐ。	民主党と改称したのち、社会党と連立政権を作る。	無産政党の勢力を集めて結成。	戦前は非合法だったが、活動を再開。

4. 経済の安定化

- **傾斜生産方式**：石炭や鉄鋼など特定の産業を国が援助して増産を図ること。
- **経済安定九原則**：経済安定のため、GHQが予算の均衡など9項目を指示。
- **ドッジ=ライン**：アメリカの銀行家ドッジによる改革。為替レートの統一や予算の均衡などを行った。
- **税制改革**：アメリカの財政学者シャウプの改革。シャウプ勧告と呼ばれた。

5. 日本の独立

- **サンフランシスコ講和会議**(1951年)：連合国と日本が**サンフランシスコ平和条約**を結んだ会議。日本は独立を果したが、中国は招かれず、ソ連は条約調印を拒否した。

LESSON ②　経済成長

1. 復興から高度経済成長へ（1950〜60年代）

- **朝鮮特需**：朝鮮戦争で米軍から発生した膨大な需要。日本経済は急速に回復した。
- **高度経済成長**：技術革新や設備投資が進み、経済成長率が10%を超える年もあった。
- **所得倍増**：10年間で所得を倍にする計画。
- **国際社会への復帰**：経済成長とともに国際的な経済機構への加盟を果たした。
- **産業構造の変化**：第3次産業が増大した。

日本の経済成長	
1950 朝鮮戦争（〜53）	1964 国際通貨基金8条国になる
1952 国際通貨基金に加盟	経済協力開発機構に加盟
1ドル＝360円の固定相場制	為替・資本の自由化
1955 神武景気（〜57）	東京オリンピック
高度経済成長（1955〜1973）	1968 国民総生産が世界2位
経済成長率が平均10％を超える	1971 円切り上げ（1ドル＝308円）
1956 船舶の建造高が世界1位	1973 第1次石油ショック
1958 岩戸景気（〜61）	1ドル＝360円の固定相場制から変動為
1960 貿易の自由化	替相場制へ移行
池田内閣の所得倍増計画	1979 第2次石油ショック

2. 石油ショックと低成長（1970〜80年代）

- 石油ショック：アラブの戦略で石油価格が上昇。石炭から石油へエネルギー源が移っていたため、石油不足や物価の上昇（狂乱物価）が起こり、高度成長が止まった。
- 安定成長：一定の水準で続く経済成長。日本の経済成長は、石油ショックで高度成長が止まり、低い水準で安定した成長へと変化した。
- 貿易摩擦：1980年代、黒字が続く日本の貿易と赤字に苦しむアメリカとの間のあつれき。アメリカは日本に内需拡大（輸出に頼らず、国内の需要を拡大させること）を求めた。

LESSON ③　公害問題

1. 公害の深刻化

- 公害の発生：経済成長に伴い、工場の排気や排水が大気や水を汚染する公害が深刻化した。
- 四大公害訴訟：水俣病、イタイイタイ病、新潟水俣病、四日市ぜんそくに関して裁判になり、被害者側が勝利。

2. 公害への取り組み

- **公害対策基本法**（1967）：公害の規制、国や自治体の責務などを定めた。
- **環境庁**（1971）：公害や環境問題に取り組む行政府。2001年には環境省に昇格。

●戦後の主な内閣とできごと

内閣総理大臣	期　間	内閣の動きと主なできごと
東久邇宮稔彦	1945	初の皇族内閣、GHQの指令が実行できず退陣
幣原喜重郎	1945～1946	五大改革指令
吉田茂	1946～1947 1948～1954	憲法公布、経済復興、レッド＝パージ（共産主義者の公職追放）、警察予備隊の設置（再軍備）、サンフランシスコ平和条約、日米安全保障条約締結
片山哲	1947～1948	連立内閣で初の社会党の首相
鳩山一郎	1954～1956	日ソ共同宣言（日本とソ連の国交回復）、国連加盟
岸信介	1957～1960	日米安全保障条約の改定
池田勇人	1960～1964	所得倍増、高度経済成長
佐藤栄作	1964～1972	公害問題が発生、日韓基本条約、小笠原諸島返還、沖縄復帰
田中角栄	1972～1974	日本列島改造論、日中共同声明（日本と中国の国交回復）、第1次石油ショック、狂乱物価、
三木武夫	1974～1976	ロッキード事件が発覚して田中前首相が逮捕
福田赳夫	1976～1978	日中平和友好条約
大平正芳	1978～1980	第2次石油ショック
中曽根康弘	1982～1987	電電（電話などの通信事業）・専売（たばこなどの販売）・国鉄民営化、男女雇用機会均等法、バブル経済の発生、リゾート開発
竹下登	1987～1989	消費税の創設、リクルート事件（政治汚職事件）により退陣
宮沢喜一	1991～1993	PKO協力法成立、自衛隊の海外派遣、自民党の分裂
細川護熙	1993～1994	非自民連立内閣の成立、衆議院の選挙制度改革
村山富市	1994～1996	連立内閣で社会党の首相、阪神・淡路大震災、地下鉄サリン事件
橋本龍太郎	1996～1998	省庁再編の法案を可決

14日目　練習問題

問1　公職追放についての説明として正しいものを、下の①〜④の中から一つ選びなさい。

① 鳩山一郎は総選挙で自由党が第1党となったため、公職追放から除外された。
② 戦後すぐに、戦犯と同時に共産主義者も公職から追放された。
③ 公職を追放された者は全員、極東国際軍事裁判にかけられた。
④ 1950年代に入ると、公職追放は解除されて政治家などが公職に復帰した。

問2　財閥解体についての説明として正しいものを、下の①〜④の中から一つ選びなさい。

① 財閥の資産は凍結され、指定財閥の一族は財界から追放された。
② 過度経済集中排除法によって、公正取引委員会が設置された。
③ 独占禁止法の制定によって、解体された財閥が復活した。
④ 財閥が持っていた企業は、国が強制的に買い上げて国有化された。

問3　GHQの五大改革指令に**含まれない**ものを、下の①〜④の中から一つ選びなさい。
① 婦人の解放　　② 憲法の制定　　③労働組合の結成　　④ 経済の民主化

問4　次のグラフは各年の労働組合の数を示したものである。1945年から48年にかけて急激に増えている背景の説明として正しいものを、次の①〜④の中から1つ選びなさい。

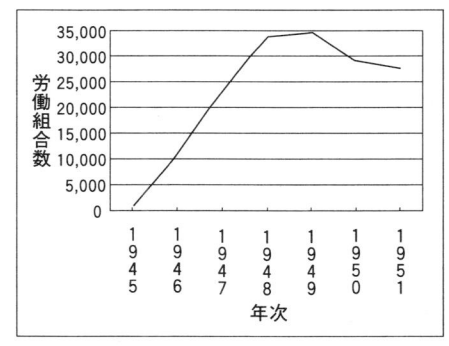

(厚生労働省「平成14年労働組合基礎調査」ほか)

① 労働三法が制定され、日本労働組合総同盟などの全国組織が結成された。
② 経営者が戦犯で公職追放にあったため、労働者が力を持つようになった。
③ 戦後の民主化に反対した労働者が、政府の打倒を目指して団結した。
④ 二・一ゼネストが成功して、労働組合がGHQを動かすようになった。

問5 戦後の教育制度に関する次の文章を読み、下の問い(1)、(2)に答えなさい。

　1945年、GHQから教育改革指令が発せられ、戦前の軍国主義的な教育が改められるようになった。1947年になると教育基本法によって、戦後の教育に関する基本的な制度が確立された。また、学校教育法も制定され、六・三制を柱とする学校系列となった。

(1) 教育基本法によって定められたこととして**不適切なもの**を、次の①〜④の中から一つ選びなさい。

　① 教育の機会均等　　② 歴史・地理などの授業停止
　③ 男女共学　　　　　④ 義務教育9年制

(2) 六・三制の基本的な年数の組み合わせとして正しいものを、次の①〜④の中から一つ選びなさい。

	小学校	中学校	高等学校	大学
①	3年	6年	3年	4年
②	6年	3年	6年	3年
③	6年	3年	3年	4年
④	3年	6年	6年	4年

問6 戦後の女性の地位に関する次の文章を読み、女性解放に関する制度の説明として正しいものを、次の①〜④の中から一つ選びなさい。

　GHQの改革指令により、女性を解放するさまざまな制度が定められた。男女平等の思想の下で選挙制度や学制なども改められ、労働問題についても女性が酷使、差別されないように定められた。

　① 日本国憲法によって初めて婦人参政権が認められ、戦後初の衆議院総選挙で39人の女性代議士が誕生した。
　② 民法が改正されて男女平等の思想が反映され、婚姻や結婚についても戦前のような封建主義的な男性の強い立場が改められた。
　③ 教育制度が改められて男女共学となり、男子校や女子校の設立は大きく制限されるようになった。
　④ 戦後まもなく男女雇用機会均等法が制定され、女性の深夜就業が原則として禁止されるようになった。

問7 戦後まもなく政党が活動を開始したが、政党と初代党首の組み合わせとして正しいものを、次の①～④の中から一つ選びなさい。

	日本自由党	日本進歩党	日本社会党	日本共産党
①	鳩山一郎	町田忠治	片山哲	徳田球一
②	片山哲	鳩山一郎	徳田球一	町田忠治
③	徳田球一	片山哲	町田忠治	鳩山一郎
④	町田忠治	徳田球一	鳩山一郎	片山哲

問8 日本経済の自立を目指してGHQは経済安定九原則を指示したが、その後の具体的政策の説明として、正しいものを次の①～④の中から一つ選びなさい。

① アメリカの財政学者ドッジが来日して、傾斜生産方式が採用された。
② GHQが示した改革案は、日本政府や労働組合の反発で実行されなかった。
③ シャウプ勧告と呼ばれる改革案によって、大規模な税制改革が行われた。
④ ドッジ=ラインに従って、積極財政によるインフレ政策が取られた。

問9 円の対ドル為替相場の説明として正しいものを、次の①～④の中から一つ選びなさい。
① 1973年に変動相場制が採用され、円相場は乱高下を繰り返している。
② 1952年から1971年までは、1ドル＝360円のレートで固定されていた。
③ 1971年には石油ショックで円が1ドル＝308円まで切り上げられた。
④ 円の対ドル為替相場は、1952年以来一貫して円安が続いている。

問10 次のグラフは日本の消費者物価指数を示すもので、2000年を100として計算されている。1974年から急激に物価が上昇している理由を説明したものとして正しいものを、次の①〜④の中から一つ選びなさい。

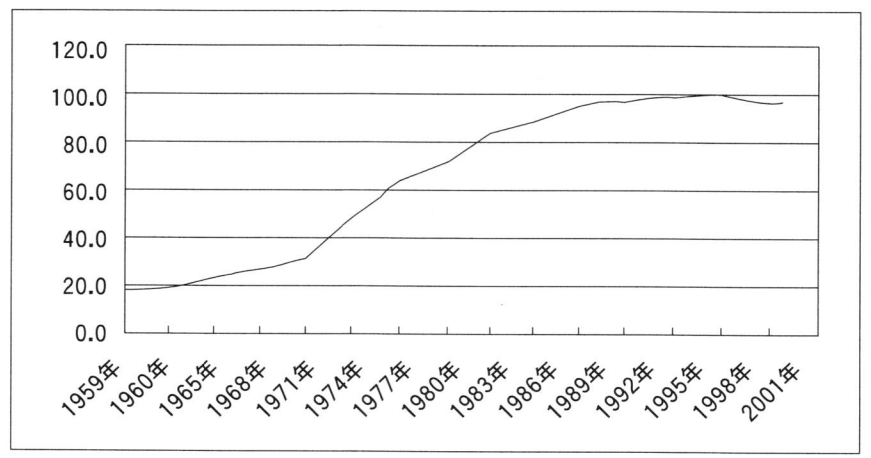

（総務省「平成12年基準消費者物価指数（CPI）結果」より作成）

① 戦後の混乱で物資が不足して、都市から農村への買い出しが急増した。
② 高度経済成長の波に乗って、消費者の購買意欲が増大した。
③ バブル経済が発生して、土地の価格が急激に上昇した。
④ 石油ショックによる石油価格の急激な上昇によって、狂乱物価となった。

問11 日本の産業構造の変化を表した次のグラフの説明として正しいものを、次の①〜④の中から一つ選びなさい。

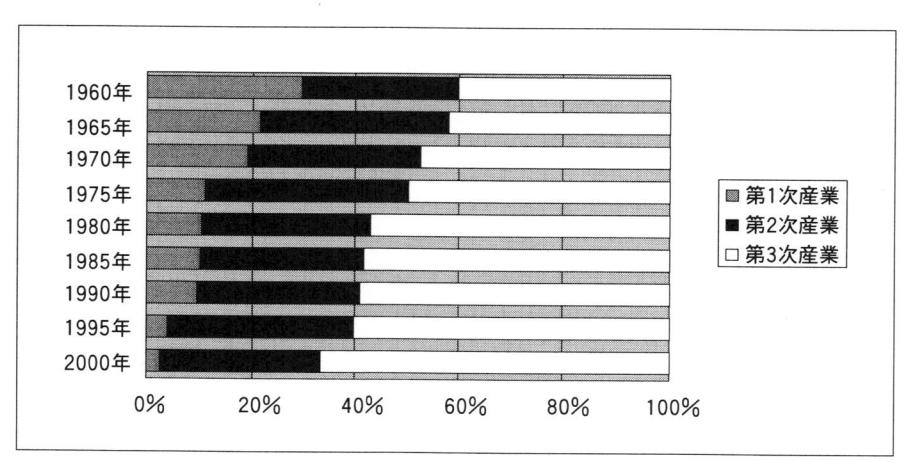

（総務省『平成12年国勢調査』より作成）

① 第1次産業の割合が年々増大して、農業などが活発になった。
② 第3次産業の割合が全体の過半数を超えて、2000年にはおよそ7割に達した。
③ 第2次産業の割合が一番大きな伸びを示して、日本は工業先進国となった。
④ 第1次産業と第3次産業が伸びて、製造業は徐々に落ち込んだ。

問12　次の表と文章は石炭と石油の供給量について示したものである。空欄（a）～（b）に当てはまる語句の組み合わせとして正しいものを、次の①～④の中から一つ選びなさい。

	（ a ）供給量	（ b ）供給量
1960年	63,420	35,365
1965年	73,206	91,998
1970年	91,835	215,617
1975年	82,281	288,930

　戦後、日本ではエネルギー革命が起きて、主なエネルギー資源はこれまでの（ a ）から（ b ）に替わった。1960年から1970年にかけて、（ c ）の波に乗って（ b ）の供給量は約（ d ）倍にはねあがった。

	a	b	c	d
①	石油	石炭	安定成長	8
②	石油	石炭	高度経済成長	6
③	石炭	石油	高度経済成長	6
④	石炭	石油	安定成長	8

問13　日本の公害問題について説明したものとして正しいものを、次の①～④の中から一つ選びなさい。

① 高度経済成長が始まるころに、事前の対策として公害対策基本法が制定された。
② 四大公害訴訟はいずれも証拠がはっきりせず、被害者側が裁判に負けた。
③ 水質汚染が大きな公害問題となり、大気汚染は公害には含まれなかった。
④ 1970年代に環境庁が設置されて、公害対策に関する行政が一本化された。

問14　日本の四大公害に**含まれない**ものを、次の①～④の中から一つ選びなさい。

① イタイイタイ病　　② 四日市ぜんそく
③ 水俣病　　　　　　④ 光化学スモッグ

☆過去問にチャレンジ！

問　第2次世界大戦後の日本政治に関する記述として正しいものを、次の①〜④の中から一つ選びなさい。

① 1960年代の高度経済成長の中で公害が深刻化し、60年代中頃に環境庁が設置され、主要な環境保護立法が制定された。
② 1970年代末の日中平和友好条約の締結後、憲法が改正され国連平和維持活動に自衛隊を派遣する道が開かれた。
③ 1980年代中頃、中曽根首相が「日本列島改造論」を掲げた結果、日本各地で乱開発が抑制された。
④ 1990年代中頃に地方分権への流れが加速化され、2000年には国と地方の事務分担が大きく見直された。

(2002年度　第2回)

≪ 解 説 ≫

① 環境庁の設置は1971年。公害問題は国の対応が遅れ、被害が大きくなった。
② 憲法は改正されていない。国連平和維持活動への自衛隊の参加は1993年から。
③ 「日本列島改造論」は1970年代の田中角栄首相。中曽根首相の時代はリゾートなどの乱開発が進んだ。
④ 地方分権推進法による改革が行われた。

答　④

実力確認模試

【第1回】

【第2回】

【第1回】

問1 次の表は各国の年齢別人口構成と人口の年平均増加率を示したものである。これを見て、下の問い(1)〜(3)に答えなさい。

(2000年　単位：％)

国名	15歳未満	15〜64歳	65歳以上	増加率
日本	14.6	68.1	17.3	0.3
ドイツ	15.6	68.0	16.4	0.3
フランス	18.7	65.3	16.0	0.4
イギリス	18.9	65.3	15.8	0.3
パキスタン	41.8	54.5	3.7	2.6
エチオピア	45.2	51.8	3.0	2.8
バングラデシュ	38.7	58.2	3.1	2.2
ナイジェリア	45.1	51.9	3.0	2.9

(総務省統計局・統計研修所 編『世界の統計 2003』より作成)

(1) 上の表の説明として正しいものを、次の①〜④の中から一つ選びなさい。

① 先進国では少子化が進んでいて、人口が減少している。
② エチオピアの生産年齢人口は全人口の半分以下である。
③ 人口増加率が一番多い国はエチオピアである。
④ 子どもより老人が多い国は日本とドイツである。

(2) 発展途上国では子どもの数が多いが、生活環境が悪く死亡率も高い。このような発展途上国の子どもたちを援助するための国連の機関として正しいものを、次の①〜④の中から一つ選びなさい。

① 国連児童基金　② 国連大学　③ 国際通貨基金　④ 国際労働機関

(3) 先進国では高齢化の問題を抱えているが、その背景を説明したものとして正しいものを、次の①〜④の中から一つ選びなさい。

① 医療の発達などで平均寿命が延びた一方、出生率が低下している。
② 高齢者が増える一方で人口増加率も高く、人口増加に歯止めがかからない。
③ 保険制度の整備が追いつかないため、高齢者の増加は頭打ちとなっている。
④ 子どもと高齢者の割合がともに高いため、生産年齢人口の負担が大きい。

問2 次のグラフは日本のODAの二国間援助の地域別配分を示したものである。これを見て、下の(1)、(2)に答えなさい。

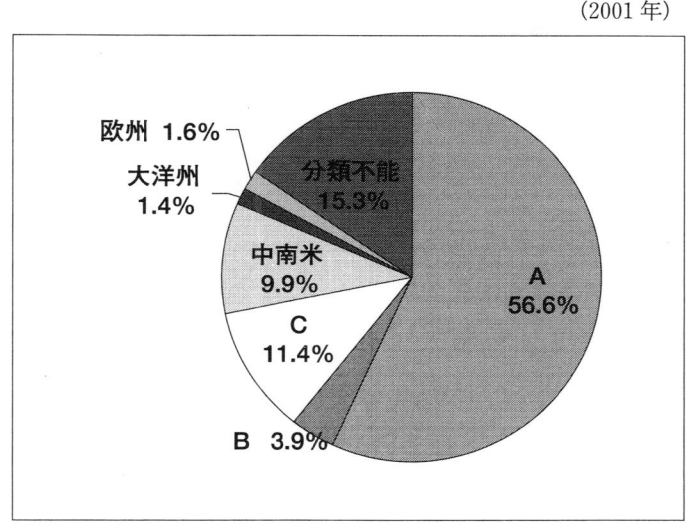

(2001年)

(1) 上のグラフのA～Cに当てはまる地域として正しいものを、次の①～④の中から一つ選びなさい。

	A	B	C
①	アフリカ	アジア	中東
②	アジア	中東	アフリカ
③	アフリカ	中東	アジア
④	アジア	アフリカ	中東

(2) 日本のODAの説明として正しいものを、次の①～④の中から一つ選びなさい。

① 円による借款はほとんどなく、無償援助の割合が多い。
② 発展途上国の人々の生活向上に役立っていないという批判がある。
③ 国民総所得に対する援助額の割合も、毎年世界5位以内に入る実績がある。
④ 国際的な活動を行うNGOなど民間援助団体の支援が、他国より積極的に行われている。

問3 次の文章中の空欄（ a ）～（ d ）に当てはまる語句の組み合わせとして正しいものを、次の①～④の中から一つ選びなさい。

　国の経済規模を表すために、さまざまな指標が用いられている。最終生産物の総生産額から中間生産物の生産額を引いたものが（ a ）で、国民が国内外で生産した付加価値の合計である。（ a ）から海外からの純所得を引いたものが（ b ）で、国内で生産された財とサービスの合計である。国民所得については生産・支出・（ c ）の視点からそれぞれの内訳が出されるが、総額は三つとも等しく、これを（ d ）の原則と言う。

	a	b	c	d
①	国民総支出	国民総生産	償却	見えざる手
②	国民純生産	国民純生産	分配	見えざる手
③	国内総生産	国民総支出	償却	三面等価
④	国民総生産	国内総生産	分配	三面等価

問4　次のグラフは日本の市街地の地価について、1990年を100とした各年の指数を示したものである。6大都市とは日本の主要都市である東京都区部、横浜市、名古屋市、大阪市、神戸市を合わせたものである。これを見て、下の問い(1)、(2)に答えなさい。

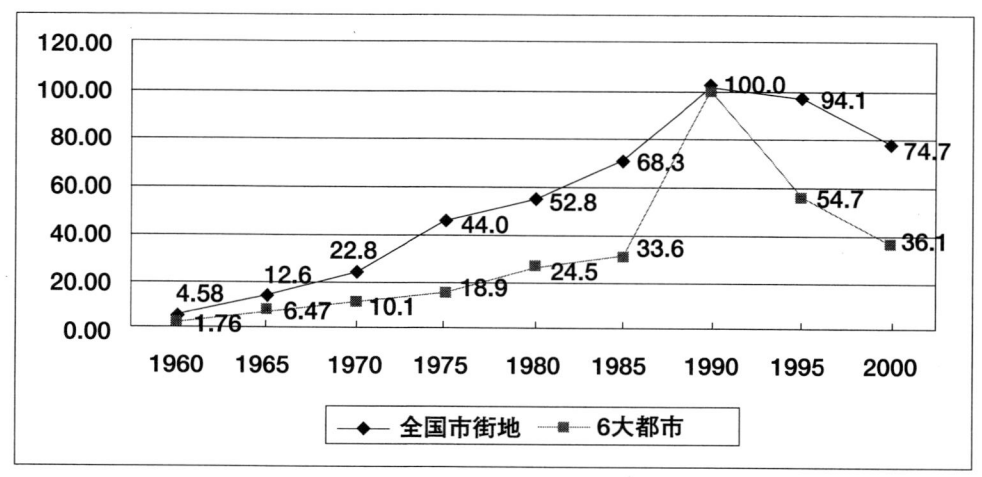

（総務省統計局・統計研修所 編『日本の統計 2003』より作成）

(1)　上のグラフの説明として正しいものを、次の①～④の中から一つ選びなさい。

　① 1990年以外の年では、地価は全国市街地より6大都市の方が安くなっている。
　② 6大都市の1990年の地価は、5年前と比較して3倍近くに上がっている。

③ 1975年から1985年の地価の上昇率は、全国市街地の方が6大都市より高い。
④ 2000年の全国市街地の地価は、6大都市のおよそ倍の額である。

(2) 次の文は上のグラフのどの時期について説明したものか。正しいものを、次の①〜④の中から一つ選びなさい。

　田中内閣による列島改造ブームの最中に、石油ショックが起こり、地価だけでなくあらゆる物の価格が急騰して、狂乱物価と呼ばれた。

① 1985年 － 1990年　　② 1970年 － 1975年
③ 1960年 － 1965年　　④ 1995年 － 2000年

問5　生産者が均衡価格より高い価格を商品につけたときの説明として正しいものを、次の①〜④の中から一つ選びなさい。

① 需要量と供給量がそれぞれ伸びて、均衡価格が引き上げられる。
② 需要量が伸びる一方で供給量が落ち込み、品不足の状態となる。
③ 供給量が伸びる一方で需要量が落ち込み、売れ残りの状態となる。
④ 需要量と供給量に変化はなく、均衡価格が引き上げられる。

問6　寡占市場のときに起こりやすい状況として、**不適切なもの**を次の①〜④の中から一つ選びなさい。

① 競争が激化する結果、環境破壊などの外部不経済が起こりやすくなる。
② 価格での競争が困難になり、宣伝やデザインなどで競う非価格競争が起こる。
③ 価格が高めに設定されたまま下がりにくくなる下方硬直性という現象が起こる。
④ 寡占状態にある少数の企業が価格をコントロールしやすい状況になる。

問7　独占禁止法の説明として正しいものを、次の①〜④の中から一つ選びなさい。

① 1企業による市場の独占を防ぎ、寡占状態を作ることを目的としている。
② 特定の企業による独占を禁止した法律で、持株会社は解散させられる。
③ 市場の独占や不公正な取引を取り締まる法律だが、持株会社は自由化された。
④ 市場で半分以上のシェアを持つ企業は複数の企業に分割させられる。

問8　市場がうまく機能しない場合に、政府の役割として期待されるものとして**不適切なもの**を、次の①～④の中から一つ選びなさい。

① 公園や道路など不特定多数の人が利用できる社会資本の整備
② 公害など企業の取り組みが消極的な社会問題の解決
③ 新製品など企業が利益を独占する可能性のある商品の販売
④ 警察や消防など利用者の財産の有無に関係なく常時必要とされるサービスの提供

問9　貿易に関する次の文章を読んで、下の問い(1)～(3)に答えなさい。

　国際社会は 1 貿易の自由化に向けた努力を続けているが、各国が 2 自国の産業を保護するため、分野ごとにさまざまな国が反発をしてきた。二国間での交渉も粘り強く行われており、3 日本もアメリカとの貿易摩擦を解消すべく、交渉を続けている。

(1) 下線部1のような努力を続けた結果、貿易の自由化を実現するための国際機関として1995年に設立された組織を何と言うか。正しいものを次の①～④の中から一つ選びなさい。

　　① IMF　② ILO　③ GATT　④ WTO

(2) 下線部2「自国の産業を保護する」ために政府が行う政策として正しいものを、次の①～④の中から一つ選びなさい。

① 貿易相手国に最恵国待遇をもたらす。
② 国外に工場を移転させる。
③ 輸入商品の関税を引き上げる。
④ 規制緩和を行って国内市場を開放する。

(3) 下線部3のような日米貿易摩擦が起こった背景として正しいものを、次の①～④の中から一つ選びなさい。

① 日本からアメリカへの輸出超過で、アメリカの貿易赤字が増大した。
② アメリカから日本への輸出超過で、日本の貿易赤字が増大した。
③ 日本とアメリカの双方の市場が、中国によるダンピングにあった。
④ アメリカの閉鎖的な市場に日本企業が参入できない状態が続いた。

問10 情報化社会に関する次の文章を読んで、下の問い(1)〜(3)に答えなさい。

　通信技術の急速な発展は、高度情報化社会の出現をもたらした。従来の（ a ）などのマスメディアによる情報に加えて、音声や映像などあらゆる情報を伝達できる（ b ）などのマルチメディアを駆使して、人々は欲しい情報を手軽に入手できるようになった。

(1) 空欄（ a ）、（ b ）に当てはまる語句の組み合わせとして正しいものを、次の①〜④の中から一つ選びなさい。

	a	b
①	テレビ、電話、ファクシミリ	パソコン、雑誌
②	テレビ、ラジオ、新聞	パソコン、携帯電話
③	パソコン、ファクシミリ	ラジオ、新聞、電話
④	テレビ、ラジオ、携帯電話	ファクシミリ、携帯電話

(2) 情報化社会において、情報の獲得を保障するための制度として**不適切なもの**を、次の①〜④の中から一つ選びなさい。

① アクセス権によって、国や自治体の情報を手に入れることが保障される。
② 情報公開法によって、行政機関は行政に関する情報を公開しなければならない。
③ 知る権利によって、政府は国民が情報を得る自由を妨げることができない。
④ 公共の福祉によって、政府に不利な情報は内閣の判断で自由に保護できる。

(3) 個人情報の流出を防ぐために必要な法的保障や権利のことを何と言うか。正しいものを、次の①〜④の中から一つ選びなさい。

① 通信の自由　　　　② 環境権
③ プライバシーの権利　④ 直接請求権

問11 次のグラフは、主な果樹の各県の国内生産高の割合を示すものである。これを見て、下の問い(1)～(3)に答えなさい。

(いずれも2000年産)

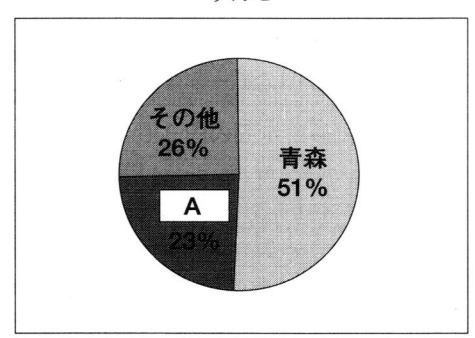
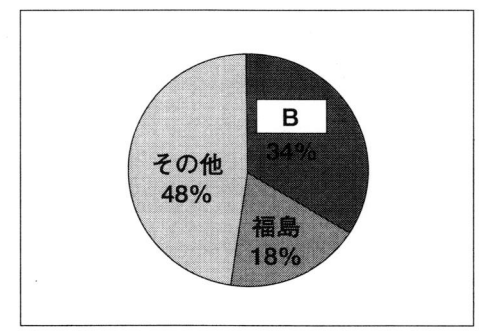
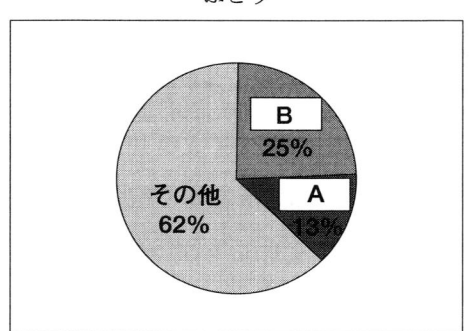
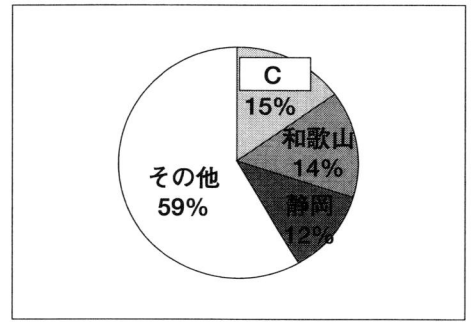

(1) A～Cに当てはまる県名の組み合わせとして正しいものを、次の①～④の中から一つ選びなさい。

	A	B	C
①	山梨県	長野県	鳥取県
②	長野県	山梨県	愛媛県
③	山形県	山梨県	長野県
④	長野県	愛媛県	山形県

(2) みかんの生産高第3位の静岡県で、生産高が全国1位の農産物はどれか。正しいものを、次の①～④の中から一つ選びなさい。

① レタス　② 日本なし　③ 米　④ 茶

問12 次の文章を読んで、下の問い(1)～(3)に答えなさい。

世界標準時は、(a)郊外を通る経線を基準としている。各国の時刻は、原則としてそこから西へ行くと(b)、東へ行くと(c)。世界標準時と日本標準時との時差は9時間である。

(1) 空欄(a)～(d)に当てはまる語句の組み合わせとして正しいものを、次の①～④の中から一つ選びなさい。

	a	b	c
①	ロンドン	遅れ	進む
②	ニューヨーク	進み	遅れる
③	パリ	進み	遅れる
④	ローマ	遅れ	進む

(2) 日本の標準時である子午線が通っている都市と経度の組み合わせとして正しいものを、次の①～④の中から一つ選びなさい。

① 千葉市 ― 東経140°　② 明石市 ― 東経135°
③ 福岡市 ― 東経135°　④ 新潟市 ― 東経140°

(3) 日本が10月20日午前10時のとき、地球の反対側にあたるブラジル東部の時刻として正しいものを、次の①～④の中から一つ選びなさい。

① 10月19日午後10時　② 10月20日午前10時
③ 10月20日午後10時　④ 10月19日午前10時

問13 現代の国家は行政国家と呼ばれている。日本の行政に関する説明として正しいものを、次の①～④の中から一つ選びなさい。

① 地方分権が徹底されたため、中央省庁の仕事量は3分の1に減った。
② 政権が交代すると職員の半分が入れ替わるため、政策の継続が難しい。
③ 省庁同士の利害対立があり、複数の省庁にまたがる問題は解決しにくい。
④ 大企業の役員が事務次官に就任する天下りが頻繁に行われている。

問14 直接民主主義の制度として**不適切なもの**を、次の①〜④の中から一つ選びなさい。

① 自治体の議会が国会に法案を提出することができる。
② 議会から出された重要な政策の是非を有権者の投票で決める。
③ 議会をおかずに、住民が集まって自分たちの意思を決める。
④ 住民の請求によって、重要な役職につく公務員を解職する。

問15 政党政治に関する次の文章を読んで、下の問い(1)、(2)に答えなさい。

　政党は政権を獲得するために、主に議会で多数の議席の獲得を目指す。複数の政党が争った結果、政権を獲得した政党を（　a　）、それ以外を（　b　）と呼ぶ。政党は選挙での得票を増やすために人々の支持を集めようとするが、日本の近年の世論調査では（　c　）と答える人が最も多い。

(1) 空欄（　a　）〜（　c　）に当てはまる語句の組み合わせとして正しいものを、次の①〜④の中から一つ選びなさい。

	a	b	c
①	与党	野党	自由民主党を支持する
②	与党	野党	支持政党なし
③	野党	与党	自由民主党を支持する
④	野党	与党	民主党を支持する

(2) 日本の政党政治の説明として正しいものを、次の①〜④の中から一つ選びなさい。

① 1955年から40年近く、自由民主党と共産党の二大政党制の時代が続いた。
② 1960年代の新党ブームで、日本新党や新生党が結成されて野党が多党化した。
③ 日本社会党は1980年代に消費税問題で支持を失い、政権を維持できなくなった。
④ 1955年以来、自由民主党が第一党として一党優位制を維持している。

問16 集団安全保障についての説明として正しいものを、次の①～④の中から一つ選びなさい。

① アメリカは同盟国が他国から攻撃されても、自国の安全のため紛争には関わらない。
② 第1次世界大戦は、冷戦で対立した集団安全保障の機構同士の戦争であった。
③ 冷戦時代のアメリカは、北大西洋条約機構で地域的集団安全保障を確立した。
④ 第三勢力と呼ばれていたアジア、アフリカ諸国は、集団安全保障を否定していた。

問17 国際連合の機関、経済社会理事会の説明として正しいものを、次の①～④の中から一つ選びなさい。

① 全加盟国で構成され、ILOやWHOなどの専門機関と連携している。
② 経済制裁などを行う権限があり、5ヵ国の常任理事国が拒否権を持っている。
③ 経済や教育、福祉などの国際問題を受け持ち、54ヵ国で構成されている。
④ 国家間の紛争を解決するための機関で、15人の裁判官がいる。

問18 国際連合が設立されるきっかけとなったものとして正しいものを、次の①～④の中から一つ選びなさい。

① 平和のための14ヵ条　② 大西洋憲章
③ ポツダム宣言　　　　④ 京都議定書

問19 世界の経済格差の問題についての説明として正しいものを、次の①～④の中から一つ選びなさい。

① 先進国は発展途上国からの輸入を厳しく制限している。
② 発展途上国は、先進国の援助を得るためにOECDを結成した。
③ モノカルチャーの状態にある国々は、飛躍的な経済成長に優位である。
④ 発展途上国同士でも経済格差が広がり、南々問題と呼ばれる対立がある。

問20 次の表は、明治時代における日本の国内生産の構成比を示すものである。これを見て、下の問い(1)～(3)に答えなさい。

	農林水産業	鉱工業	建設業	運輸・通信公益事業	商業・サービス業	合計金額（国内純生産）単位：1000万円
1890年	48.4%	11.8%	3.5%	2.1%	34.2%	102.4
1900年	39.4%	16.8%	4.5%	3.9%	35.4%	217.7
1910年	32.5%	21.5%	4.6%	6.7%	34.7%	344.8

（三和良一『概説日本経済史　近現代　第2版』東京大学出版会による）

(1) この時期の国内生産の構成比の推移として正しいものを、次の①～④の中から一つ選びなさい。

① 1900年から1910年の間では、鉱工業以外はすべて割合が低くなっている。
② いずれの時代も運輸・通信公益事業は建設業より低い割合を示している。
③ いずれの時代も農林水産業が最も高い割合を示している。
④ 1910年の時点では第1次産業が約3分の1の割合を占めている。

(2) この時期の各産業の生産額の説明として正しいものを、次の①～④の中から一つ選びなさい。

① 鉱工業の生産額は、1890年から1910年の間に約6倍に増えている。
② 農林水産業の生産額は、1890年から1910年の間に減り続けている。
③ 1910年の建設業の生産額は、1900年の鉱工業の生産額より高い。
④ 商業・サービス業の生産額はほとんど変化が見られない。

(3) この時期の経済の発展の背景として正しいものを、次の①～④の中から一つ選びなさい。

① 日清・日露戦争によって国内の産業は大きく衰退した。
② 民間の工場を政府が買い上げて国内産業の発展に取り組んだ。
③ 製糸・紡績業などの軽工業が飛躍的に発展した。
④ 政府が関税の引き上げなどで農林水産業を保護したが成果がなかった。

問21 次のA～Dはフランス革命に関係したできごとである。これらを年代順に並べたものとして正しいものを、次の①～④の中から一つ選びなさい。

A　ルイ16世が処刑された。
B　国民議会が人権宣言を採択した。
C　ロベスピエールらが恐怖政治を行った。
D　バスティーユ牢獄が襲撃された。

① A→C→D→B　　② D→A→B→C
③ C→D→A→B　　④ D→B→A→C

問22 アヘン戦争の説明として正しいものを、次の①～④の中から一つ選びなさい。

① フランスとイギリスが清国を破り、北京条約を結んだ。
② イギリスが清国を破り、香港の割譲と5港の開港を認めさせた。
③ 日本軍が盧溝橋付近で清国軍と衝突して、全面戦争になった。
④ インドからのアヘン流入を防ぐため、清国がインドに戦争を仕掛けた。

問23 第2次世界大戦の対立関係を示した次の図A～Dに当てはまる国名の組み合わせとして正しいものを、次の①～④の中から一つ選びなさい。

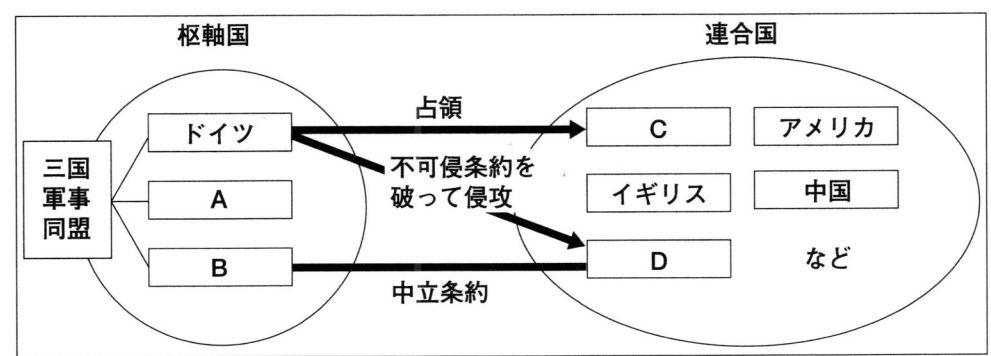

	A	B	C	D
①	ソヴィエト	日本	イタリア	フランス
②	日本	イタリア	ソヴィエト	フランス
③	イタリア	ソヴィエト	フランス	日本
④	イタリア	日本	フランス	ソヴィエト

問24 第2次世界大戦後のアジア・アフリカ諸国の動きとして正しいものを、次の①～④の中から一つ選びなさい。

① アジアでは中国や韓国などが社会主義陣営に加わった。
② 1960年にはアフリカで17の独立国が誕生した。
③ アジア・アフリカ会議で平和五原則が採択された。
④ アラブ諸国とエジプトの対立が激化して戦争が繰り返された。

【第2回】

問1 次のグラフは世界の二酸化炭素排出量の推移と主要国の内訳を示したものである。これを見て、下の問い(1)〜(4)に答えなさい。

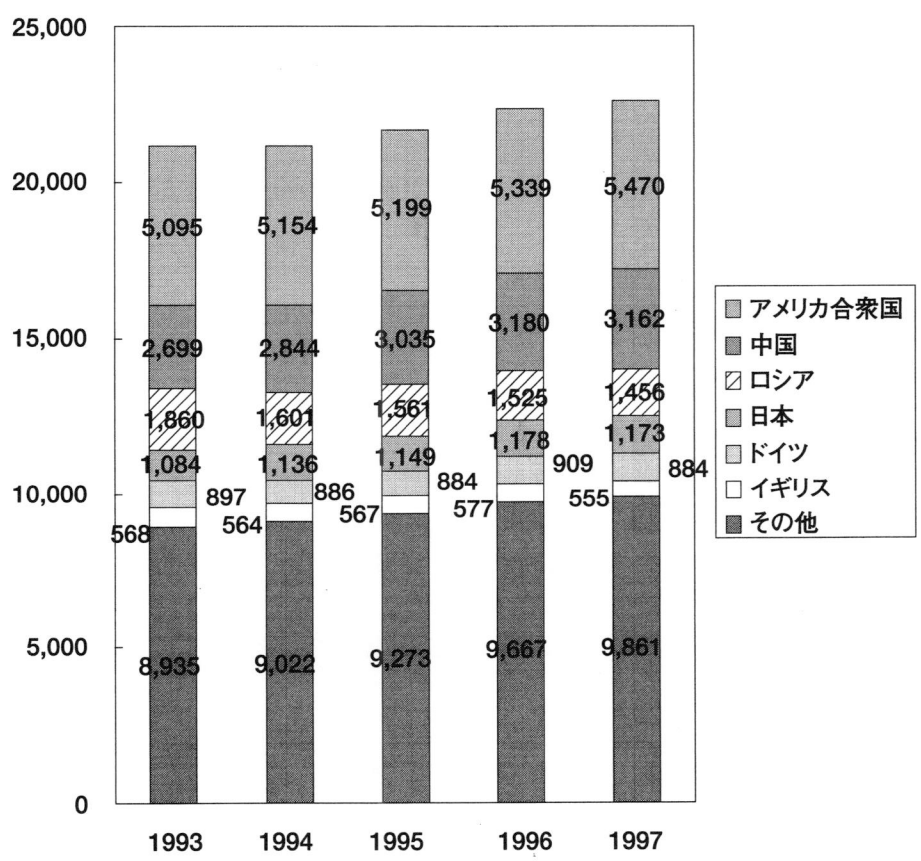

単位：100万t（総務省統計局・統計研修所 編『世界の統計 2003』より作成）

(1) 上のグラフの説明として正しいものを、次の①〜④の中から一つ選びなさい。

① この間で最も排出量の増加率が高い国はロシアである。
② アメリカの排出量は世界の排出量の約4分の1を占めている。
③ ドイツとイギリスは毎年排出量が減少している。
④ いずれの年も日本の排出量は中国の3分の1以下に留まっている。

(2) 二酸化炭素の増加によって起こる被害として正しいものを、次の①〜④の中から一つ選びなさい。

① 温室効果によって気温が上昇し、氷が溶けて海抜の低い地域が水没する。
② 化学変化を起こして酸性雨を降らせ、大気を汚染する。
③ 紫外線を防ぐオゾン層を破壊して、皮膚がんになる危険性が高まる。
④ 乾燥地帯が砂漠化して、中央アフリカの国で飢饉が頻発する。

(3) 二酸化炭素排出量の削減を盛り込んだ国際的な取り決めとして正しいものを、次の①〜④の中から一つ選びなさい。

① カイロ宣言　　② 世界人権宣言
③ 北大西洋条約機構　　④ 京都議定書

(4) 日本における二酸化炭素排出の原因はおよそ3割が工場などの産業部門によるものである。このように企業の活動が市場の外で社会へ不利益をもたらすことを何と言うか。正しいものを、次の①〜④の中から一つ選びなさい。

① 下方硬直性　　② 外部不経済　　③ 外部経済　　④ 寡占

問2　次の文章は国連と人権問題について説明したものである。これを見て、次の問い(1)〜(3)に答えなさい。

　人権問題には国際社会の取り組みが不可欠なものとなっている。国連では1948年に、人権保障の基準を示した（　a　）を採択した。これをより具体的な取り決めとしたものが（　b　）である。また、₁個別の人権についてもさまざまな条約が結ばれている。

(1) （　a　）、（　b　）に当てはまる語句の組み合わせとして正しいものを、次の①〜④の中から一つ選びなさい。

	a	b
①	世界人権宣言	国際人権規約
②	国連憲章	国際人権規約
③	世界人権宣言	国連憲章
④	国際人権規約	世界人権宣言

(2) 下線部1のような個別の人権問題に取り組むための条約として**不適切なもの**を、次の①〜④の中から一つ選びなさい。

① 子どもの権利条約　② 人種差別撤廃条約
③ 女性差別撤廃条約　④ マーストリヒト条約

(3) 人権問題には、国際的に活動を行うNGOも大きな役割を果たしている。死刑制度の廃止などを訴え、1977年にノーベル平和賞を受賞したNGOとして正しいものを、次の①〜④の中から一つ選びなさい。

① 国境なき医師団　② 国際協力事業団
③ 赤十字国際委員会　④ アムネスティ=インターナショナル

問3　核軍縮に関する次の年表を見て、下の(1)〜(3)に答えなさい。

1963年　1部分的核実験停止条約が締結される
1968年　国連総会で（　a　）が採択される
1973年　アメリカとソ連が核戦争防止協定に調印する
1996年　国連総会で2包括的核実験禁止条約が採択される

(1) （　a　）に当てはまる語句として正しいものを、次の①〜④の中から一つ選びなさい。

① 核拡散防止条約　② 中距離核戦力全廃条約
③ 戦略兵器削減条約　④ 「平和のための結集」決議

(2) 下線部1「部分的核実験停止条約」に参加した国として**不適切なもの**を、次の①〜④の中から一つ選びなさい。

① アメリカ　② フランス　③ ソ連　④ イギリス

(3) 下線部2「包括的核実験禁止条約」についての説明として正しいものを、次の①〜④の中から一つ選びなさい。

① 国連総会で全会一致の賛成で採択された。
② 批准国がそろわず発効していない。
③ 核兵器非保有国のみ、核実験の禁止が義務付けられた。
④ 核兵器保有の疑いがある国に査察を行う権限が認められた。

問4 景気の変動を表す次の図を見て、下の問い(1)〜(3)に答えなさい。

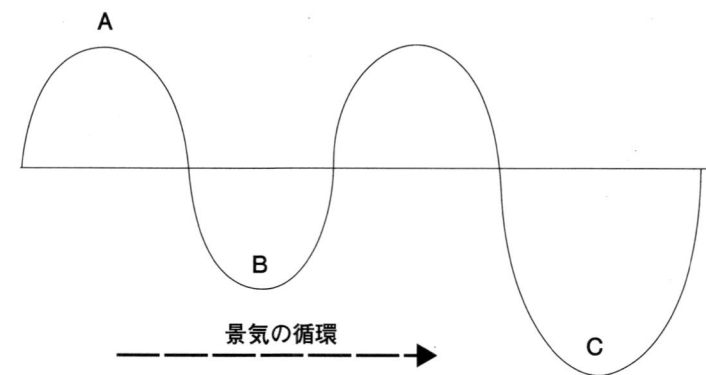

(1) 図のAの状態を説明したものとして正しいものを、次の①〜④の中から一つ選びなさい。

① 物価が下がる一方で需要が高まり、市場は消費者に優位となる。
② 経済活動が活発になり、生産、雇用、所得などが増える。
③ 経済活動が活発でなくなり、商品が売れずに失業や倒産が起こる。
④ 経済活動は活発になるが、雇用は伸びずに失業は解消されない。

(2) 図のBのような状態にあるとき、物価が上昇し続ける現象を何と言うか。正しいものを次の①〜④の中から一つ選びなさい。

① インフレーション　② デフレーション
③ スタグフレーション　④ センセーション

(3) 図のCのように景気が大きく沈んだ状態が長期化することを何と言うか。正しいものを、次の①〜④の中から一つ選びなさい。

① 恐慌　② 貿易摩擦　③ 景気過熱　④ 固定資本減耗

問5 比較生産費説の説明として正しいものを、次の①〜④の中から一つ選びなさい。

① 自国で比較優位にある商品だけ生産して、そうでない商品は輸入に頼った方が、利益が大きくなる。
② 自国で比較優位にある商品は輸入に頼り、そうでない商品は自国で生産した方が、利益が大きくなる。

③ すべての商品について、原材料だけ輸入に頼り、最終生産物を自給した方が、利益は大きくなる。
④ すべての商品について、それぞれの半分を輸入に頼り、残りを自国で生産した方が、利益が大きくなる。

問6　産業の空洞化の説明として正しいものを、次の①〜④の中から一つ選びなさい。

① 企業が賃金の安い海外に生産の拠点を移すことで、国内の産業が衰えること。
② 国際競争に敗れた企業が別の産業に転換を図り、元の産業が衰えること。
③ 賃金の安い海外の労働者が国内に流入して、自国の労働者が失業すること。
④ 失業者が増えることで、その産業での労働者がいなくなること。

問7　次のA〜Dの説明に当てはまる保険制度の組み合わせとして正しいものを、次の①〜④の中から一つ選びなさい。

A　会社で働く人が失業したときに、一定期間、保険金を給付する。
B　会社での労働が原因で起きた怪我などに対して、保険金を給付する。
C　高齢者に、デイケアなどのサービスや費用を給付する。
D　怪我や病気になった人に、一定の自己負担を求めた上で医療費などを給付する。

	A	B	C	D
①	労災保険	雇用保険	国民年金	医療保険
②	厚生年金	医療保険	介護保険	国民年金
③	労災保険	厚生年金	国民年金	雇用保険
④	雇用保険	労災保険	介護保険	医療保険

問8　最恵国待遇の説明として正しいものを、次の①〜④の中から一つ選びなさい。

① 貿易において、ある国に与えた利益をその国にも適用させること。
② 同盟国が攻撃された場合、集団的自衛権によって反撃を支援すること。
③ 発展途上国に対して、先進国と同様の利益を受けるように援助すること。
④ 国際会議の議長国に対して、宣言などを採決する権限を与えること。

問9 家計と企業の関係を説明したものとして正しいものを、次の①〜④の中から一つ選びなさい。

① 家計は企業へ労働力を提供して賃金をもらい、企業は家計へ財やサービスを提供して代金を受けとる。
② 家計は企業へ労働力を提供して賃金をもらい、企業は家計へ社会保障や公共財を提供して代金を受けとる。
③ 家計は企業へ補助金を提供して財やサービスをもらい、企業は家計へ労働力を提供して財やサービスを受けとる。
④ 家計は企業へ補助金を提供して財やサービスをもらい、企業は家計へ財やサービスを提供して代金を受けとる。

問10 次の表は、日本国内の輸送機関別の貨物輸送量と旅客輸送量を示したものである。これを見て下の問い(1)〜(3)に答えなさい。

	貨物輸送量（単位：100万t）				旅客輸送量（単位：100万人）			
	自動車	鉄道	内航海運	国内航空	自動車	鉄道	旅客船	国内航空
1980年	5,318	163	500	0	33,515	18,005	160	40
1985年	5,048	96	452	1	34,679	18,990	153	44
1990年	6,114	87	575	1	55,767	21,939	163	65
1995年	6,017	77	549	1	61,272	22,630	149	78
2000年	5,774	59	537	1	62,841	21,647	110	93

（総務省統計局・統計研修所 編『日本の統計 2003』より作成）

(1) 上の表の説明として正しいものを、次の①〜④の中から一つ選びなさい。

① 国内の貨物輸送はすべての部門で増え続けている。
② 国内の貨物輸送量のおよそ9割が自動車によるものである。
③ 国内航空の利用は、貨物、旅客のどちらも減り続けている。
④ 鉄道は貨物輸送が増加している一方、旅客輸送が減少している。

(2) 自動車の旅客輸送量に対する、鉄道の旅客輸送量の割合が最も高いのはどの年か。正しいものを、次の①〜④の中から一つ選びなさい。

① 1985年　② 1990年　③ 1995年　④ 2000年

(3) 国内航空の旅客輸送量はこの期間で倍増しているが、主にどのような区間での移動に利用されているか。その区間として**不適切なもの**を、次の①〜④の中から一つ選びなさい。

① 東京 ― 福岡　② 東京 ― 大阪
③ 東京 ― 札幌　④ 東京 ― 横浜

問11　次の図法で書かれた地図の特徴として正しいものを、次の①〜④の中から一つ選びなさい。

① 中心点から各地への距離が正確に測れるため、航空図などに利用される。
② 中緯度の陸地の形は正確だが、低緯度の陸地の形はゆがんでしまう。
③ 各地点を結ぶ方角を正確に測れるため、主に海図に利用される。
④ 1km四方の区画に分かれており、気象データを表わすのに適している。

問12　次の表は各都市の経度とロンドンとの時差を示したものである。これを見て、次の(1)、(2)に答えなさい。

都市名	カイロ	東京	ホノルル
経度	東経30°	東経139°	西経158°
ロンドンとの時差	2時間	9時間	10時間

(1) ロンドン郊外を通る世界標準時を表す経線のことを何と言うか。正しいものを、次の①〜④の中から一つ選びなさい。

① 日付変更線　② 本初子午線　③ 北回帰線　④ 赤道

(2) ロンドンが10月15日午後11時のとき、各地の時刻の組み合わせとして正しいものを、次の①～④の中から一つ選びなさい。

	カイロ	東京	ホノルル
①	10月15日午前1時	10月16日午後2時	10月16日午後1時
②	10月15日午後9時	10月15日午後2時	10月15日午前9時
③	10月16日午前1時	10月16日午前8時	10月15日午後1時
④	10月16日午後9時	10月15日午前8時	10月16日午前9時

問13 日本の国会には、内閣と国会議員に法案の提出権があり、内閣によるものを内閣提出法案、国会議員によるものを議員立法と言う。次の表は、内閣提出法案と議員立法の提出数と法律として成立した法案の数を示したものである。これを見て、次の(1)～(3)に答えなさい。

第147回国会での法案の提出数・成立数
（新規で提出されたもののみ）

	内閣提出法案	議員立法（衆議院）	議員立法（参議院）
提出数	97	35	20
成立数	90	17	2

(1) 上の表の説明として正しいものを、次の①～④の中から一つ選びなさい。

① 提出数では内閣提出法案と議員立法の割合は半々である。
② 日本の国会での法案提出は、議員立法が主流となっている。
③ 議員立法の方が、内閣提出法案より成立する率が高い。
④ 成立した法案の8割以上が、内閣提出法案である。

(2) 上の表のような結果になった背景として正しいものを、次の①～④の中から一つ選びなさい。

① 議席数の少ない政党による議員立法は、憲法で禁止されている。
② 国会に天下りした官僚が、議員立法に熱心に取り組んでいる。

③ 市民参加の拡大によって、NPOが法案の成立に大きな影響力を持っている。
④ 行政権の優越と呼ばれる現象で、法案の作成は官僚主導となっている。

(3) 法律を制定できる機関として正しいものを、次の①～④の中から一つ選びなさい。

① 国会と内閣　　② 国会のみ　　③ 内閣のみ　　④ 裁判所と国会

問14　日本国憲法の三大原則として**不適切なもの**を、次の①～④の中から一つ選びなさい。

① 非核三原則　　② 平和主義　　③ 国民主権　　④ 基本的人権の尊重

問15　ヨーロッパ統合に関する次の文章を読んで、下の問い(1)～(3)に答えなさい。

　1二度にわたって世界大戦の主戦場となったヨーロッパでは、市場や国家を統合する試みが行われている。1951年、フランス、イタリア、当時の西ドイツの間で特定の産業の経済統合を約束した（　a　）が成立。その後、政治面での統合も目指して1967年には（　b　）が成立した。1993年には、本格的なヨーロッパ統合を推進するために（　c　）に発展。2東欧諸国の参加も視野に入れながら統合への道を歩み続けている。

(1) 空欄（　a　）～（　c　）に当てはまる語句の組み合わせとして正しいものを、次の①～④の中から一つ選びなさい。

	a	b	c
①	ヨーロッパ石炭鉄鋼共同体	ヨーロッパ共同体	ヨーロッパ連合
②	ヨーロッパ農業共同体	ヨーロッパ共同体	ヨーロッパ連合
③	ヨーロッパ石炭鉄鋼共同体	ヨーロッパ連合	ヨーロッパ共同体
④	ヨーロッパ農業共同体	ヨーロッパ連合	ヨーロッパ共同体

(2) 下線部1の当時のヨーロッパの様子を説明したものとして正しいものを、次の①～④の中から一つ選びなさい。

① サラエヴォ事件がきっかけとなって第2次世界大戦が始まった。
② フランスは第1次世界大戦中に革命が起こり、ドイツと単独講和を行った。
③ サンフランシスコ講和会議で、ドイツに多額の賠償金が課せられた。
④ ドイツでは当時最も民主的なヴァイマル憲法下でヒトラーが政権を取った。

(3) 下線部2「東欧諸国の参加」とあるが、もともと西欧諸国が中心であった統合の動きに、東欧諸国が参加できるようになったのは、どのような背景があったからか。正しいものを、次の①〜④の中から一つ選びなさい。

① 東欧諸国の社会主義体制が相次いで崩壊した。
② ワルシャワ条約機構と北大西洋条約機構が統合された。
③ 冷戦でソ連に対抗するために東欧諸国が西側陣営に転換した。
④ 東欧諸国で社会主義革命を西側に広める動きが盛んになった。

問16 1929年に始まった世界恐慌の各国の対策として正しいものを、次の①〜④の中から一つ選びなさい。

① アメリカは植民地との経済関係を強めてブロック経済を採用した。
② ソ連は世界恐慌の影響を受けることなく社会主義経済を進めた。
③ イギリスはニューディール政策で国内の景気回復に取り組んだ。
④ 日本は多額の国債を発行して、ダムや道路の建設で雇用を維持した。

問17 第2次世界大戦後の東南アジア諸国の独立についての説明として正しいものを、次の①〜④の中から一つ選びなさい。

① インドネシアはスカルノらの指導でオランダから独立を勝ち取った。
② マレーシアはボルネオを併合してフランスから独立した。
③ ヴェトナムではホー=チ=ミンが社会主義革命を起こしてイギリスから独立した。
④ フィリピンはアメリカとの大規模な独立戦争に勝ち独立を果たした。

問18 次の文章を読んで、下の問い(1)、(2)に答えなさい。

　明治時代の日本は、近代国家を建設するために、欧米の諸制度を積極的に導入した。具体的には、内閣の設置や1憲法の発布などが行われたが、これらの制度は政府による統治を強固なものにする意味もあった。そのため、板垣退助などを中心として広く2政治参加を求める運動が盛り上がり、一部は過激化して暴力事件を起こすようになった。

(1) 下線部1の憲法はどこの国を手本としたか。正しいものを、次の①〜④の中から一つ選びなさい。

① フランス　② アメリカ　③ プロイセン　④ 中国

(2) 下線部2は具体的にどのような運動であったか。正しいものを、次の①〜④の中から一つ選びなさい。

① 藩閥政治の打破と国会の開設を要求した。
② 官僚主導からの脱却と海外進出を要求した。
③ 軍備の増強と議会の開設を要求した。
④ 藩閥政治の打破と開拓使の設置を要求した。

問19 18世紀にイギリスで起こった産業革命の説明として正しいものを、次の①〜④の中から一つ選びなさい。

① 蒸気機関が発明された影響で、木綿産業に代わり毛織物産業が発達した。
② 電気による動力が開発され、鉄道などの交通が飛躍的な進歩を遂げた。
③ 木綿工業の技術開発から始まり、各産業を支える機械工業や鉄鋼業に発展した。
④ 石油燃料の開発が進み、電気の需要が急速に高まった。

問20 1960年代の日本経済の状況として正しいものを、次の①〜④の中から一つ選びなさい。

① アメリカへの輸出超過で、貿易摩擦の問題が深刻化した。
② ドッジによる改革が行われ、為替レートが統一された。
③ 石油ショックの波を受け、経済成長率が落ち込んだ。
④ 高度経済成長の時期にあたり、第3次産業が増大した。

問21 市民革命が起こった国と宣言の組み合わせとして正しいものを、次の①〜④の中から一つ選びなさい。

① イギリス ― 権利章典　② アメリカ ― 人権宣言
③ フランス ― 権利章典　④ イギリス ― 独立宣言

解 答

1日目　現代の社会生活
問1 (1) ③ (2) ① (3) ③　問2 ①　問3 ②
問4 (1) ① (2) ② (3) ④　問5 ②　問6 ④　問7 (1) ③ (2) ①
問8 ④　問9 ②　問10 (1) ③ (2) ④　問11 (1) ③ (2) ① (3) ④
問12 ③　問13 ①　問14 ④　問15 ③　問16 ①

2日目　現代の経済
問1 ②　問2 ②　問3 (1) ① (2) ④　問4 ④　問5 (1) ③ (2) ④
問6 (1) ② (2) ①　問7 ④　問8 ②　問9 ③　問10 ①　問11 ①
問12 ②　問13 ④　問14 (1) ② (2) ③ (3) ④　問15 ①
問16 ②　問17 ③

3日目　現代の政治1
問1 ③　問2 (1) ④ (2) ①　問3 ④　問4 ①　問5 ③
問6 ②　問7 (1) ③ (2) ③　問8 (1) ① (2) ④　問9 ④
問10 (1) ① (2) ③　問11 ②　問12 ③　問13 (1) ③ (2) ①
問14 ③　問15 ④　問16 ②

4日目　現代の政治2
問1 ②　問2 ④　問3 ②　問4 ①　問5 ③
問6 (1) ④ (2) ②　問7 ①　問8 ④　問9 (1) ③ (2) ②
問10 ②　問11 (1) ① (2) ④　問12 ①　問13 (1) ① (2) ③
問14 ④　問15 ①　問16 ①　問17 ③　問18 (1) ④ (2) ②
問19 (1) ① (2) ③

5日目　現代の国際社会1
問1 ③　問2 ①　問3 (1) ③ (2) ②　問4 ③
問5 (1) ④ (2) ③ (3) ②　問6 ①　問7 (1) ④ (2) ②
問8 (1) ④ (2) ① (3) ②　問9 (1) ③ (2) ①　問10 ④

問11 ②　問12 ⑴ ④　⑵ ④　問13 ②　問14 ③　問15 ②　問16 ②

6日目　現代の国際社会 2
問1 ②　問2⑴ ①　⑵ ④　問3 ③　問4 ⑴ ④　⑵ ②
問5 ⑴ ③　⑵ ②　⑶ ③　問6 ⑴ ④　⑵ ②　問7 ②
問8 ②　問9 ②

7日目　地理的機能
問1 ②　問2 ④　問3 ②　問4 ③　問5 ①　問6 ④　問7 ②
問8 ⑴ ①　⑵ ③　⑶ ③　問9 ④　問10 ①　問11 ④

8日目　日本の国土と自然
問1 ⑴ ②　⑵ ④　⑶ ①　問2 ④　問3 ①　問4 ⑴ ③　⑵ ②
問5 ④　問6 ①　問7 ③　問8 ⑴ ④　⑵ ①　問9 ④　問10 ②

9日目　日本の人々と産業
問1 ③　問2 ⑴ ①　⑵ ④　問3 ⑴ ④　⑵ ①　問4 ④
問5 ⑴ ③　⑵ ②　⑶ ④　問6 ④　問7 ⑴ ①　⑵ ①
問8 ⑴ ③　⑵ ②

10日目　近代の世界
問1 ②　問2 ③　問3 ④　問4 ①　問5 ④　問6 ③
問7 ⑴ ①　⑵ ④　問8 ②　問9 ⑴ ①　⑵ ③
問10 ⑴ ④　⑵ ②　問11 ④　問12 ①
問13 ⑴ ①　⑵ ③　⑶ ③　問14 ③　問15 ①　問16 ④

11日目　現代の世界 1
問1 ④　問2 ⑴ ②　⑵ ①　問3 ②　問4 ③　問5 ①
問6 ②　問7 ⑴ ②　⑵ ④　問8 ②　問9 ③　問10 ①

12日目　現代の世界2
問1　(1)　①　(2)　④　(3)　④　問2　②　問3　(1)　①　(2)　①　問4　②
問5　①　問6　④　問7　③　問8　②　問9　④　問10　②　問11　③

13日目　近現代の日本1
問1　(1)　③　(2)　④　問2　(1)　③　(2)　②　問3　①　問4　②
問5　③　問6　④　問7　(1)　①　(2)　④　問8　①　問9　④　問10　①
問11　③

14日目　近現代の日本2
問1　④　問2　①　問3　②　問4　①　問5　(1)　②　(2)　③　問6　②
問7　①　問8　③　問9　②　問10　④　問11　②　問12　③　問13　④
問14　④

実力確認模試

【第1回】
問1　(1)　④　(2)　①　(3)　①　問2　(1)　②　(2)　②　問3　④
問4　(1)　②　(2)　②　問5　③　問6　①　問7　③　問8　③
問9　(1)　④　(2)　③　(3)　①　問10　(1)　②　(2)　④　(3)　③
問11　(1)　②　(2)　④　問12　(1)　①　(2)　②　(3)　①　問13　③
問14　①　問15　(1)　②　(2)　④　問16　③　問17　③　問18　②
問19　④　問20　(1)　④　(2)　①　(3)　③　問21　④　問22　②
問23　④　問24　②

【第2回】
問1　(1)　②　(2)　①　(3)　④　(4)　②　問2　(1)　①　(2)　④　(3)　④
問3　(1)　①　(2)　②　(3)　②　問4　(1)　②　(2)　③　(3)　①
問5　①　問6　①　問7　④　問8　①　問9　①

問10 (1) ② (2) ① (3) ④　問11 ①　問12 (1) ② (2) ③
問13 (1) ④ (2) ④ (3) ②　問14 ①　問15 (1) ① (2) ④ (3) ①
問16 ②　問17 ①　問18 (1) ③ (2) ①　問19 ③　問20 ④　問21 ①

索　引

あ

アイルランド共和国軍（IRA）　98
アクセス権　9
アジア・アフリカ会議　177
アジアNIES　94
アジアの植民地化　148-149
アダム=スミス　25
アパルトヘイト　64
アフリカ統一機構　176
アフリカの年　176
アヘン戦争　149
天下り　65
アムネスティ=インターナショナル　99
アメリカ合衆国憲法　145
アメリカ式生活　12
アメリカ独立戦争　47，145
アルジェリア戦争　176
アロー戦争　149
アンシャン=レジーム　146
安全保障　77
安全保障理事会　82
安定成長　200
安楽死　13

い

イギリスの政治機構　59
違憲立法審査権　62
イスラエル　176
イスラム教　12
イスラム文化圏　12
緯線　108
イタイイタイ病　200
板垣退助　187
一次産品　94
一世一元の制　185
一党制　48
一党優位制　48
遺伝子工学　13
遺伝子操作　13
糸魚川=静岡構造線　119
移動性高気圧　118
移動性低気圧　118
イニシアチブ　45
イラン=イスラム共和国　176
イラン・イラク戦争　98

イラン革命　176
医療保険　33
岩倉使節団　185
岩倉具視　185
印紙法　145
インド　175
インドシナ連邦　149
インド帝国　148
インドネシア共和国　175
インフォームド=コンセント　14
インフレーション　32

う

ヴァイマル（ワイマール）憲法　164
ヴェトナム戦争　174
ヴェトナム民主共和国　175
ヴェルサイユ条約　162
ヴェルサイユ体制　162

え

衛星写真　111
英仏協商　160
英露協商　160
エジプト革命　176
エチオピア侵入　164
江藤新平　187
NPO法　99
沿岸漁業　129
円借款　96
円高　27-28
円安　28
遠洋漁業　129

お

王政復古の大号令　185
大きな政府　66
オーストリア併合　165
ODA大綱　95
小笠原気団　118
沖合漁業　129
沖縄上陸　166
オスマン帝国　148
オゾン層の破壊　81
オタワ連邦会議　163
オホーツク海気団　118

親潮　129
オランダ領東インド　148
卸売物価　28
温帯低気圧　118
温暖湿潤気候　118
オンブズマン制度　65

か

海岸平野　120
回帰線　108
開国　184
外国為替相場　27
介護保険　33
介護保険制度　10
海図　110
外帯　119
開拓使　186
開発援助委員会　95
外部経済　26
外部不経済　26
外面的自由　14
価格　24
価格競争　25
価格先導制　26
価格メカニズム　24
河岸段丘　120
核拡散防止条約　80
学制　187
核兵器　80
学問の自由　64
火砕流　122
火山　122
火山炭　122
火山性地震　121
果樹栽培　128
寡占　25
寡占市場　25
過疎化　7
華族　185
華族令　188
片山哲　198
活火山　122
学校教育法　198
家庭裁判所　62
過度経済力集中排除法　197
株価　27

株式会社　27
株主　27
下方硬直性　26
過密化　7
樺太・千島交換条約　186
カルデラ湖　120
官営事業払い下げ　189
環境権　64
環境庁　200
環境問題　81
干渉戦争　162
関税　31
関税及び貿易に関する一般協定（GATT）　31
関税自主権　184
間接民主主義　45
ガンディー　175
関東ローム層　120
カンボジア　175
管理価格　25

──── き ────

生糸　188
議院内閣制　59
機会の平等　14
議会制民主主義　45
規制緩和　31
寄生地主制　197
季節風（モンスーン）　118
貴族院　63
北アイルランド紛争　98
北九州工業地帯　130
北大西洋条約機構（NATO）　77, 172
気団　118
基本的人権の尊重　61
キューバ革命　173
キューバ危機　79, 174
旧ユーゴスラヴィア紛争　98
教育基本法　198
教育を受ける権利　64
供給　24
供給曲線　24
恐慌　31
共済年金　33
行政　46

行政改革　65
行政機構の肥大化　65
行政権の優越　65
行政国家　65
強制栽培制度　149
京都議定書　81
恐怖政治　147
狂乱物価　200
極東国際軍事裁判　197
拒否権　82
キリスト教　12
均衡価格　25
均衡数量　25
近郊農業　128
銀行の銀行　29
近代民主主義　46
欽定憲法　61
金融　28
金融危機　32
金融政策　29

──── く ────

グード図法　108-109
クルド難民　98
グローバリゼーション　13
グローバルスタンダード　13
クローン動物　13
黒潮　129

──── け ────

慶応義塾　187
計画経済　29
景気　32
景気過熱　31
景気の安定化　31
景気の循環　32
経済安定九原則　199
経済活動の自由　64
経済協力開発機構（OECD）　95
経済社会理事会　82
経済主体　27
経済成長　31
経済成長率　31
経済特区　29
傾斜生産方式　199
経線　108

京浜工業地帯　130
結果の平等　14
兼業農家　127
減反政策　127
原爆投下　166
憲法　61
憲法改正の発議　62

──── こ ────

公害　200
公害対策基本法　200
江華島事件　186
公共料金　26
航空写真　111
好景気　32
公衆衛生　34
55年体制　48-49
公職追放　197
厚生年金　33
洪積台地　120
高速自動車道　131
交通革命　144
交通問題　8
公定歩合　29
公的扶助　34
高等裁判所　62
高度経済成長　199
後発発展途上国　94
公武合体　184
高齢化　10
高齢化社会　10
高齢者福祉　10
高冷地農業　127
五箇条の御誓文　185
五ヵ年計画　29
国際原子力機関（IAEA）　83
国際司法裁判所　82
国際収支　28
国際人権規約　64, 83
国際通貨基金（IMF）　83
国際分業　31
国際貿易体制　31
国際連合（国連）　77-78, 82-83
国際連合憲章　82
国際連盟　77-78
国際労働機関（ILO）　83

国政調査権　62
国内総生産（GDP）　30
国民皆保険　33
国民議会　146
国民公会　147
国民主権　61
国民純生産（NNP）　30
国民審査　62
国民総支出（GNE）　30
国民総生産（GNP）　30
国民年金　33
国民の三大義務　61
国有林　129
国連環境開発会議　81
国連教育科学文化機関（UNESCO）　83
国連軍　79
国連軍縮特別総会　82
国連児童基金（UNICEF）　83
国連大学（UNU）　83
国連難民高等弁務官事務所（UNHCR）　83
国連平和維持活動（PKO）　79
国連平和維持活動協力法　79
国連平和維持軍（PKF）　79
国連貿易開発会議（UNCTAD）　95, 177
弧状列島　119
個人情報　9
個人情報保護法　9
コソヴォ問題　98
五大改革指令　197
国会　62
国会開設の勅諭　187
国家社会主義ドイツ労働者党（ナチス）　164
国境なき医師団　99
固定資本減耗　30
子どもの権利条約　64, 83
コミンフォルム　172
コメコン　172
米どころ　127
「コモン＝センス」　145
雇用保険　33
ゴルバチョフ　174
混合林　120

さ

サービス　24
財　24
最恵国待遇　31
最高裁判所　62
西郷隆盛　186-187
最終生産物　30
財政　31
財閥の形成　189
財閥解体　197
裁判所　62
佐賀の乱　187
坂本竜馬　184
薩長連合　184
砂漠化　81
サラエヴォ事件　161
三角州　119
山岳派　147-148
三角貿易　149-150
三月革命　162
産業革命　143
産業革命（日本）　188
産業の空洞化　32
産業別人口構成　131
三権分立　46
三国干渉　189
三国協商　160
三国同盟　160
参議院　52
3C政策　149
三審制　62
酸性雨　81
参政権　64
サンソン図法　108-109
三大事件建白運動　188
サンフランシスコ講和会議　199
3B政策　160
三部会　146
讒謗律　187
三面等価の原則　30

し

GIS　111
ジェファソン　145
私擬憲法　188
資源ナショナリズム　94

資源配分　31
子午線　110
時差　110
支出国民所得（NIE）　30
自主財源　63
市場　24
市場価格　24
市場占有率　25
市場の失敗　26
市場メカニズム　24
地震　121
自然権　14
自然状態　14
自然法　14
思想・良心の自由　64
士族　185
持続可能な開発　81
士族反乱　187
自治体　63
シパーヒー（セポイ）の反乱　148
シベリア気団　118
司法　46
資本家　144
資本主義体制　144
市民運動　47
市民革命　46, 143
市民社会　46
『市民政府二論』　14, 46
四民平等　185
事務局（国連）　82
下関条約　189
シャウプ　199
社会契約説　46
『社会契約論』　14, 46
社会権　64
社会主義経済　29
社会主義市場経済　29
社会福祉　34
社会保険　33
社会保障制度　33
社会問題　144
ジャコバン派　146-147
借款　96
自由　14
十一月革命　162
集会条例　187

衆議院　50
衆議院の解散　62
衆議院の優越　62
自由権　64
自由将校団　176
重商主義　143
住宅問題　8
集団安全保障　77
集団的自衛権　78
住民解職　45
自由民権運動　187
住民自治　63
住民総会　45
住民投票　45
住民発案　45
主題図　110
需要　24
需要・供給の法則　24
需要曲線　24
蒸気機関　144
蒸気機関車　144
蒸気船　144
少子高齢化　131
小選挙区制　49
小選挙区比例代表並立制　50
省庁再編　65
常任理事国　82
消費者物価　28
情報化社会　9
情報公開制度　65
情報公開法　9
常緑針葉樹　120
条例　63
殖産興業　186
植民地支配　143
食糧管理制度　128
女性差別撤廃条約　83
所得再分配　31
所得倍増　199
所有と経営の分離　27
シルクロード　12
知る権利　9, 64
ジロンド派　146-147
新貨条例　186
シンガポール　175
人権宣言　146

人権の国際化　64
新興工業経済地域（NIES）　94
人口集中　7
人口密度　131
新国際経済秩序（NIEO）　95
新国際経済秩序樹立に関する提言　95
人種差別撤廃条約　64, 83
新選挙法　198
身体の自由　64
信託統治理事会　82
新党ブーム　49
新聞紙条例　187
人民戦線　164
臣民の権利　63
新ユーゴスラヴィア　98

す

水力紡績機　143
枢密院　63, 188
スエズ運河　149
スエズ運河国有化　176
スエズ戦争　97, 176
スターリン　163
スタグフレーション　32
ズデーテン地方割譲　165
スプロール現象　7
スペイン内戦　164

せ

生活保護　34
生活様式　12
正角図法　108
請願権　64
征韓論　186
清教徒革命　47
正距方位図法　108-109
生産国民所得（NIP）　30
生産物　30
製糸業　188
政治体制　59
精神の自由　64
税制改革　199
正積図法　108
生存権　64
政体書　185

政党　48
政党政治　48
政党内閣　48
西南戦争　187
西南日本　119
政府開発援助（ODA）　95-96
政府の銀行　29
成文憲法　61
生命倫理　13
勢力均衡　77
世界恐慌　163
世界三大宗教　12
世界人権宣言　64, 83
世界の工場　144
世界標準時　110
世界貿易機関（WTO）　31
世界保健機関　83
赤十字国際委員会　99
惜敗率　50
石油ショック　200
石油輸出国機構（OPEC）　94
絶対君主制　46
セルビア=モンテネグロ　98
全欧安全保障協力会議　79
専業農家　127
選挙権　64
扇状地　119
先進国　94
1791年憲法　146
全日本産業別労働組合会議　198

そ

ソヴィエト社会主義共和国連邦　163
総会（国連）　82
臓器移植　14
総裁政府　147
総力戦　161
促成栽培　127
ソマリア内戦　98
尊厳死　13
尊王攘夷　184

た

第1回対仏大同盟　147
第1次五ヵ年計画　163

第1次産業　131
第1次世界大戦　77, 160
第1次中東戦争　97
第1次バルカン戦争　161
第2次産業　131
第2次世界大戦　77, 165
第2次中東戦争　97
第2次バルカン戦争　161
第3次産業　131
第3次中東戦争　97
第4次中東戦争　97
第一共和制　147
大韓民国　173
第三勢力　176
大衆社会　11
大政奉還　185
堆積作用　119
堆積平野　119
大選挙区制　49
大同団結運動　188
大統領制　59
大統領制（アメリカ）　60
大統領制（ドイツ）　60
大統領制（フランス）　60
大日本帝国憲法　63, 188
太平洋戦争　166
太平洋プレート　121
太平洋ベルト　130
大陸会議　145
大陸棚　129
代理出産　13
大量消費　11
大量生産　11
台湾出兵　186
多極化　79
多国籍軍　79
脱政党化　49
縦割り行政　65
多党化　48
多党制　48
民撰議院設立の建白書　187
弾劾裁判所　62
団体自治　63

——— ち ———

地域主義　13

地域的集団安全保障　77
小さな政府　66
チェチェン紛争　98
地球　108
地球温暖化　81
地球温暖化防止京都会議　81
地球儀　108
千島海流　129
地図投影法　108
地租改正　186
地租改正反対一揆　186
地方公共団体　63
地方裁判所　62
地方自治　63
地方自治の本旨　63
地方分権　65
中央構造線　119
中華人民共和国　173
昼間人口　7
中間生産物　30
中京工業地帯　130
中国分割　149
沖積平野　119
中選挙区制　50
中ソ対立　173
中東戦争　97, 176
朝鮮戦争　173
朝鮮特需　199
朝鮮民主主義人民共和国　173
徴兵令　186
直接請求権　63
直接民主主義　45
地理情報システム（GIS）　111
賃金　28

——— つ ———

通貨危機　32
通勤ラッシュ　8
積み立て方式　33

——— て ———

帝国議会　63, 188
帝国主義　149
デタント　79
鉄道国有法　189
デフレーション　32

天気図　110
天津条約　149
天皇主権　63
天皇の人間宣言　197

——— と ———

ドイツ革命　162
ドイツ共和国　162
ドイツ民主共和国　173
ドイツ連邦共和国　173
東欧革命　174
東欧経済相互援助会議　172
東西ドイツ統一　79, 174
東条英機　197
統帥権の独立　63
東南アジア諸国連合（ASEAN）　175
倒幕　184
東北日本　119
ドーナツ化現象　7
徳川慶喜　185
独占　25
独占禁止法　26, 197
独ソ不可侵条約　165
徳田球一　198
独立国家共同体　174
独立宣言　145
都市化　7
都市災害　8
都市問題　8
土地問題　8
土地利用図　110
特恵関税　95
特権身分　146
ドッジ=ライン　199
鳥羽・伏見の戦い　185
飛び杼　143
トマス=ペイン　145
富岡製糸場　188
トルーマン=ドクトリン　172

——— な ———

内閣　62
内閣総理大臣　62
内帯　119
内面的自由　14

ナセル　176
ナチス　164
ナポレオン　147
南ア戦争　149
南京条約　148
南々問題　94
南北問題　94

――――― に ―――――

新潟水俣病　200
二院制　62
二大政党制　48
日英同盟　160
日独伊三国同盟　165
日独伊防共協定　165
日米構造協議　31
日米修好通商条約　184
日米和親条約　184
日露戦争　189
日清修好条規　186
日清戦争　189
日ソ中立条約　166
日中戦争　166
日朝修好条規　184
200海里漁業専管水域　129
日本海流　129
日本の気候　118
日本の季節　119
日本銀行　29
日本国憲法　61, 198
日本国憲法の三大原理　61
日本標準時　110
日本の漁業　129
日本の工業　130
日本の人口　131
日本の農業　127
日本の貿易　133
日本の林業　128
日本労働組合総同盟　198
ニュータウン　7
ニューディール政策　163
ニューメディア　9
人間の尊厳　14
妊娠中絶　13

――――― ね ―――――

熱帯雨林の破壊　81
年金　33
年齢別人口構成　131

――――― の ―――――

農業革命　143
脳死　13
農地改革　197
農畜産物貿易の自由化　128
ノルマンディー上陸作戦　166

――――― は ―――――

梅雨期　118
廃藩置県　185
廃仏毀釈　187
パキスタン　175
バスティーユ牢獄襲撃　146
発券銀行　28
発展途上国　94
鳩山一郎　198
パリ講和会議　162
パリ条約　145
バルカン同盟　161
パレスチナ　176
パレスチナ解放機構　97
パレスチナ暫定自治協定　97
パレスチナ暫定自治政府　97
パレスチナ戦争　97
パレスチナ問題　97
パン＝ゲルマン主義　160
パン＝スラヴ主義　160-161
阪神工業地帯　130
版籍奉還　185
藩閥政府　187

――――― ひ ―――――

非価格競争　26
比較生産費説　43
東アジア文化圏　12
東インド会社　148
東ティモール独立　99
非拘束名簿式　50
非政府組織（NGO）　47, 99
被選挙権　64
日付変更線　110

非同盟国首脳会議　183
ヒトラー　164
表現の自由　64
標準時間帯　110
平等　14
平等権　64
比例代表制　49

――――― ふ ―――――

ファシズムの台頭　163
ファショダ事件　149
フイヤン派　146-147
フィリピン海プレート　121
フィリピン共和国　175
封じこめ政策　172
フォッサマグナ　119
付加価値　30
賦課方式　33
福沢諭吉　187
福祉国家　33
不景気　32
富国強兵　186
仏領インドシナ進駐　166
物価指数　28
仏教　12
不平等条約　184
不文憲法　61
部分的核実験停止条約　80
プライバシーの権利　9, 64
フランコ　164
フランス革命　47, 146
不良債権　32
ブルジョワジー　46
プレート　121
プレート間地震　121
プレート内地震　121
プロイセン　63
ブロック経済　163
文化圏　11
文化交流　12
分配国民所得（NID）　30
分布図　110
文明開化　186

――――― へ ―――――

平民　185

243

平和五原則　176
平和十原則　177
平和主義　61
「平和のための結集」決議　77
北京条約　149
ベッドタウン　7
ベバリッジ報告　33
ペリー　184
ベルリンの壁　173
ベルリン封鎖　172
ペレストロイカ　174
偏見　14
変動為替相場制　27

ほ

保安条例　188
方位図法　108
貿易の自由化　31
貿易摩擦　31, 200
包括的核実験禁止条約　80
放射能汚染　81
紡績業　188
法治主義　46
『法の精神』　46
法の下の平等　64
ホー=チ=ミン　175
ポーツマス条約　189
ポーランド侵攻　165
ポーランド分割　165
保護貿易　31
戊辰戦争　185
ボストン茶会事件　145
ボスニア=ヘルツェゴビナ紛争　98
ボスニア=ヘルツェゴビナ併合　160
細川連立内閣　49
ポツダム会談　166
ポツダム宣言　63, 166
ホッブズ　14, 46
ホメイニ　176
ボリシェヴィキ　162
本初子午線　110

ま

マーシャル=プラン　172
マーストリヒト条約　174
前島密　186

マクドナルド挙国一致内閣　163
マスコミュニケーション（マスコミ）　9, 11, 47
マスメディア　9, 47
町田忠治　198
マッカーサー　197
マッカーサー草案　63
マラヤ連邦　175
マルタ会談　79, 174
マルチメディア　9
マレーシア連邦　175
満州国　164
満州事変　164

み

見えざる手　25
ミッドウェー海戦　166
ミドハト憲法　159
水俣病　200
南アフリカ連邦　149
南々問題　94
ミュール紡績機　143
ミュンヘン会談　165
民間非営利団体（NPO）　47, 99
民主主義　45
民族自決　97
民族問題　97
民定憲法　61
民法改正　198

む

六日戦争　97
ムガル帝国　148
ムッソリーニ　163
無党派層　49

め

名誉革命　47
メルカトル図法　108-109

も

モノカルチャー　94
木綿工業　143
モルワイデ図法　108-109
モンスーン（季節風）　118
モンテスキュー　46

や

夜間人口　7
夜警国家　76
八幡製鉄所　189
ヤルタ会談　166

ゆ

ユーゴスラヴィア空爆　98
ユーラシアプレート　121
ユーロ　174
宥和政策　165
「ゆりかごから墓場まで」　33

よ

ヨーロッパ共同体（EC）　174
ヨーロッパ経済共同体（EEC）　174
ヨーロッパ石炭鉄鋼共同体（ECSC）　174
ヨーロッパの火薬庫　160
ヨーロッパ文化圏　12
ヨーロッパ連合（EU）　174
四日市ぜんそく　200
世論　47
四大公害訴訟　200
四大工業地帯　130

ら

落葉広葉樹　120

り

リアス式海岸　120
『リヴァイアサン』　14, 46
リカード　43
力織機　143
リコール　45, 63
立憲政治　46
立憲政体樹立の詔　188
立法　46
立法議会　146
琉球処分　186
領事裁判権　184
両性の本質的平等　64

る

累積債務　94

ルソー　14, 46

れ

冷戦　77, 172
冷戦の終結　79
冷帯湿潤気候　118
レーニン　162
レファレンダム　45, 63
連合国軍最高司令官総司令部（GHQ）　63, 197
連邦政府　145

ろ

労災保険　33
労働関係調整法　198
労働基準法　198
労働基本権　64
労働組合法　198
労働三権　198
労働市場　28
労働者　144
労働者階級　144
労働力　28
ローズヴェルト（ルーズヴェルト）　163
ローマ進軍　163
盧溝橋事件　166
ロシア革命　162
ロック　14, 46
露土戦争（ロシア-トルコ）　148
ロベスピエール　147
露仏同盟　160

わ

ワルシャワ条約機構（WTO）　172
湾岸戦争　176

略語

ASEAN（アセアン）　175
DAC　95
EC　174
ECSC　174
EEC　174
EU　174
GATT（ガット）　31
GDP　30
GHQ　63, 197
GIS　111
GNE　30
GNP　30
IAEA　83
ILO　83
IMF　83
IRA　98
NATO（ナトー）　77, 172
NGO　47, 99
NID　30
NIE　30
NIEO（ニエオ）　95
NIES（ニーズ）　94
NIP　30
NNP　30
NPO　47, 99
ODA　95-96
OECD　95
OPEC（オペック）　94
PKF　79
PKO　79
PLO　97
UNCTAD（アンクタッド）　95
UNESCO（ユネスコ）　83
UNHCR　83
UNICEF（ユニセフ）　83
UNU　83
WHO　83
WTO（世界貿易機関）　31
WTO（ワルシャワ条約機構）　77, 172

《参考文献》

日本留学試験問題研究会編『チャレンジ総合科目　日本留学試験対応』国書刊行会
現代社会教科書研究会編『改訂版　現代社会用語集』山川出版社
政治・経済教育研究会編『改訂新版　政治・経済用語集』山川出版社
前島郁雄・中島峰広・田辺裕監修『地理用語集』山川出版社
全国歴史教育研究協議会編『改訂新版　世界史B用語集』山川出版社
全国歴史教育研究協議会編『改訂新版　日本史B用語集』山川出版社
江上波夫・山本達郎・林健太郎・成瀬治『詳説　世界史』山川出版社
石井進・笠原一男・児玉幸多・笹山晴生『詳説　日本史』山川出版社
総務省統計局・統計研修所編『日本の統計2003』総務省統計局
総務省統計局・統計研修所編『世界の統計2003』総務省統計局
帝国書院編集部編『大学受験対策用　地理データファイル』帝国書院
安藤良雄編『近代日本経済史要覧　第2版』東京大学出版会
三和良一『概説日本経済史　近現代　第2版』東京大学出版会
財団法人日本国際教育協会編著『平成14年度　日本留学試験（第1回）試験問題』桐原書店
財団法人日本国際教育協会編著『平成14年度　日本留学試験（第2回）試験問題』桐原書店

저자약력

原 亮 (はら りょう)

1974년 도쿄 출생

法政대학 법학부 정치학과 졸업

교재편집자를 거쳐 현재

法政대학 대학원 사회과학연구과 정치학 전공 석사과정재적

品川海風학원 부원장

저서로『都市は戦争できない』(公人の友社・공저)가 있다

그 외 교재편집자로 학습용 교재 편집 다수

EJU일본유학시험
14일간필승프로그램 종합과목

초판발행	2005년 9월 5일
1판 7쇄	2018년 4월 20일

저자	原 亮
펴낸이	엄태상
책임 편집	정은영, 오은정, 조은형, 신명숙, 진현진
제작	조성근
마케팅	이승욱, 오원택, 전한나, 왕성석
경영지원	마정인, 최윤진, 김예원, 양희운, 박효정

펴낸곳	(주)시사일본어사
주소	서울시 종로구 자하문로 300 시사빌딩
주문 및 교재 문의	1588-1582
팩스	(02)3671-0500
홈페이지	www.sisabooks.com
이메일	sisa_book@naver.com
등록일자	1977년 12월 24일
등록번호	제300 - 1977 - 31호

ⓒ 2003, 原 亮
国書刊行会、『日本留学試験対応 総合科目問題集
<14日間の必勝プログラム>』

ISBN 978-89-402-9079-8 13730

* 이 교재의 내용을 사전 허가 없이 전재하거나 복제할 경우 법적인 제재를 받게 됨을 알려드립니다.
* 잘못된 책은 구입하신 서점에서 교환해드립니다.
* 정가는 표지에 표시되어 있습니다.